BEYERLIN

WEISHEITLICHE VERGEWISSERUNG MIT BEZUG AUF DEN ZIONSKULT

Studien zum 125. Psalm

ORBIS BIBLICUS ET ORIENTALIS

Im Auftrag des Biblischen Instituts der Universität
Freiburg Schweiz
des Seminars für biblische Zeitgeschichte
der Universität Münster i. W.
und der Schweizerischen Gesellschaft
für orientalische Altertumswissenschaft
herausgegeben von
Othmar Keel
unter Mitarbeit von Erich Zenger und Albert de Pury

Zum Autor:

Jahrgang 1929, o. Professor für Altes Testament von 1963 bis 1973 in Kiel, seither
an der Universität zu Münster. Studierte in Tübingen, Göttingen, Basel und
Edinburgh. War zunächst im kirchlichen Dienst. Wurde 1956 in Tübingen pro-
moviert auf Grund einer traditionsgeschichtlichen Untersuchung der Prophetie
des Micha (FRLANT 72, 1959). Habilitierte sich 1960, gleichfalls in Tübingen, mit
der Abhandlung «Herkunft und Geschichte der Sinaitraditionen» (1961). Neben
Arbeiten zu Geschichtserzählungen veröffentlichte er Psalmenstudien: zu den
Feindpsalmen (FRLANT 99, 1970), zum 126. Psalm (SBS 89, 1978), zum 107.
Psalm (BWANT 111, 1980), zum 131. Psalm (SBS 108, 1982) sowie zum 15. Psalm
(BThSt 9, 1985). Auch ist er Herausgeber der «Grundrisse zum Alten Testament»,
im besonderen eines religionsgeschichtlichen Textbuchs (ATD.E 1, 1975).

ORBIS BIBLICUS ET ORIENTALIS 68

WALTER BEYERLIN

WEISHEITLICHE VERGEWISSERUNG MIT BEZUG AUF DEN ZIONSKULT
Studien zum 125. Psalm

UNIVERSITÄTSVERLAG FREIBURG SCHWEIZ
VANDENHOECK & RUPRECHT GÖTTINGEN
1985

CIP-Kurztitelaufnahme der Deutschen Bibliothek

Beyerlin, Walter:

Weisheitliche Vergewisserung mit Bezug auf den Zions-
kult: Studien zum 125. Psalm/Walter Beyerlin. –
Freiburg (Schweiz): Universitätsverlag;
Göttingen: Vandenhoeck & Ruprecht, 1985.

(Orbis biblicus et orientalis; 68)
ISBN 3–7278–0342-8 (Universitätsverl.)
ISBN 3–525–53691-7 (Vandenhoeck & Ruprecht)
NE: GT

© 1985 by Universitätsverlag Freiburg Schweiz
Paulusdruckerei Freiburg Schweiz
ISBN 3–7278–0342-8 (Universitätsverlag)
ISBN 3–525–53691-7 (Vandenhoeck & Ruprecht)

Aubrey und Winifred Johnson
gewidmet

Inhalt

Vorwort

Die vorliegende Recherche gilt einem schwer abzuklärenden Psalm,
letzten Endes zugleich einem bemerkenswerten theologie- und kult-
geschichtlichen Vorgang der nachexilischen Zeit. - Zum Abschluß
gekommen ist, was hier veröffentlicht wird, in den letzten Tagen
des Jahres 1984.

Die alsbaldige Publikation in der Reihe Orbis biblicus et orientalis ist deren Herausgebern zu danken, den verehrten Kollegen
Othmar Keel und Erich Zenger.

Die Ausfertigung des hier abgelichteten Manuskripts oblag meinem
Sekretär Bert Alm. Korrektur haben - außer meiner Frau und mir
selbst - die Studenten der Theologie Carsten Körber, Christian
Peters und Dietrich Schneider gelesen. Letzterer half auch bei
der Erstellung der bibliographischen Verzeichnisse und erhob das
Stellenregister.

Die hebräischen Textelemente sind nach den Regeln der Zeitschrift
für die alttestamentliche Wissenschaft transkribiert.

Münster, im Januar 1985   Walter Beyerlin

1
Problematik

Der Psalm, dem hier nachgegangen wird, ist in ungewöhnlichem
Maße schwierig. Sein hebräischer Text läßt so, wie er überkommen ist[1], gleich eingangs die verschiedensten Satzeinteilun-
gen zu. Mit der Folge divergierenden Sinns. Da können zum einen
die Aussagen "er wankt nicht" und "er bleibt auf Dauer" auf den
Berg Zion zurückbezogen werden, mit dem die, die auf Jahwe vertrauen, verglichen sind[2]. Da kann zum andern das Satzende nach
"Berg Zion" angesetzt und, was folgt, geringfügig anders vokalisiert, zum Nahestehenden geschlagen werden. Dann gilt nicht
vom besagten Berg, er wanke nicht, bleibe stets stabil, sondern
- vom jošeb jᵉrûšaläim, von dem, der in Jerusalem wohnt[3]. Und
zum dritten kann gesplittet werden. So, daß die Wendung "er
wankt nicht" zum Zionsberg gehört und der Text ab lᵉcôlam ("auf
ewig / auf Dauer") zu den folgenden Gedanken[4]. Mit dem Effekt,
daß ausgesagt wird, Jerusalem oder seine Bewohner blieben ewig
im Schutze der Berge ringsum[5]. - Es mag überraschen, aber die
Möglichkeiten zu gliedern und wiederzugeben sind mit alledem
nicht erschöpft[6]. Vor allem der Fragen wegen, die das Wort jšb,
im gegebenen Falle, aufwirft. Meint es hier wirklich "wohnen"?
Kann es, wie oft unterstellt, überhaupt "bleiben" bedeuten?
Warum sollte nicht "sitzen" oder "thronen" in Betracht kommen
können? Überlegungen dieser Art verbreitern das Spektrum der

---

1 Von der Akzentuierung der Masoreten abgesehen.

2 So die Einteilung bei etlichen Kommentatoren, etwa bei GUNKEL
   548, KRAUS 1027, WEISER 521, NÖTSCHER 276f, DEISSLER 501.

3 So die Gliederung des Textes bei KALT 464 und BONKAMP 549.

4 Vergleichenswert nebenbei die von BHS verschiedene Zeilen-
   einteilung im Kodex von Aleppo. Sie bedeutet gewiß nicht
   viel, macht soviel freilich bewußt, daß es nicht angängig
   ist, sich von der Zeilenanordnung in BHS einfach in Bann
   schlagen zu lassen.

5 So BERTHOLET 258 und WUTZ 330.

6 LORETZ 259!

Textwiedergaben: Jerusalem sitzt, für immer inthronisiert[7].
Oder, noch einmal anders: der zu Jerusalem thront, der dortige
Gott, wird nie ins Wanken, nie aus der Fassung geraten[8]. Oder
last but not least: Der auf Jahwe vertraut, wird für immer sich
niederlassen[9]. Es ist eklatant: eine semantische Frage spielt
in die Schwierigkeiten, die im Eingang des Psalmes bestehen,
herein.

Die Übersetzungen der Antike, die "Versionen", spiegeln die
Verlegenheit wider. Sie optieren die eine oder andere Art, den
Anfang des Psalms zu gliedern. Ja, sie werfen mit abweichenden
Lesarten zusätzlich Fragen auf. Auch mit Bezug auf den weiteren
Text[10]. Sie sind also offensichtlich auch nicht das sichere
Terrain, das Zugänge eröffnen würde.

In literarkritischer Hinsicht verwickeln sich die Dinge noch
mehr. Es erscheint nicht bloß bei diesem oder jenem kleineren
Stück, etwa der Formel "von nun an und immerdar", 2c, oder dem
Schlußwort "Friede über Israel!", 5c, problematisch, ob es zum
ursprünglichen Bestand gehört oder hinzugekommen ist[11]. Vielmehr sind sehr wohl auch größere Teile, bisweilen gar mehr als
die Hälfte des überkommenen Texts, als Zuwachs eingeschätzt.
Verwirrenderweise keineswegs immer dieselben Partien! Einerseits gelten v. 1-3a als primärer Bestand, 3b-5c als sukzessive
hinzugeschriebene Glossen[12]. Andererseits wird in 2-3 sowie 5

---

7 BRIGGS II 454.

8 So, notorischermaßen einfallsreich, DAHOOD III 214f.

9 In diesem Sinn schließlich EERDMANS 554f.

10 Ab v. 3.

11 Beim Vermerk "Wallfahrtslied", zu Beginn von v. 1, ist die
   Nachträglichkeit so anerkannt, daß er hier kaum noch erwäh-
   nenswert ist.

12 In der Kommentierung von BRIGGS, II 453ff.

die Grundschicht angenommen, in 1 und 4 eine Bearbeitungs-
schicht[13]. Drittens wird das Primäre, der Kern, in kühn ver-
änderndem Eingriff, in Wendungen von v. 1 eruiert, überdies in
3a und 4-5b; alles übrige, wahrlich nicht wenig, ist Glossierung und Erweiterung, Belastung des ursprünglichen "Lieds"[14].
Man fragt sich nach allem, was überhaupt am vorliegenden Psalm
noch niemals als nachträglich in Verdacht geraten ist. Etwa
einzig das Wort wider das gottlose Zepter, 3a, und der
Wunsch[15] im abschließenden Vers? Wen irritierte so etwas nicht?
Wen irritierte nicht vollends, daß noch immer, ja, neuerdings
mehr denn je, die Meinungen divergieren? Wer kann sich dem Eindruck entziehen, der Text sei literarkritisch gesehen so
schwierig wie unter dem Gesichtspunkt der Gliederung? - Wer
könnte bei alldem verkennen, in welchem Maße die Erfassung des
Sinns, des primären und sekundären, je von der literarkritischen Einschätzung abhängig ist? Was Wunder, daß, wenn der
kleine Psalm so weitgehend aufgeteilt wird, es schwieriger werden muß, überhaupt noch gedanklich abgerundete Zusammenhänge
erkennen zu können. Was Wunder, daß es da zu Fehlanzeigen
kommt. Mit Bezug auf die behauptete Grundschicht zu der: Es sei
"kaum wahrscheinlich", daß diese "einmal eine selbständige und
vollständige Einheit gebildet haben sollte". Man habe "den Eindruck, es handle sich hier um einige unfertige Formulierungen,
vielleicht als Gedächtnisstütze für mündlichen Vortrag."[16]
Fehlanzeige bezeichnenderweise zugleich beim vermeintlich sekundären Bestand: "Auch die Bearbeitung bringt keine Linie in
den Text. Er ist und bleibt ein Torso"[17]. Reizen nicht diese
Anschauungen - zusammen mit dem Dissens zwischen den literar-

---

13 So Erwägungen und Aufstellungen bei SEYBOLD, Die Redaktion
    253, Die Wallfahrtspsalmen 49.62.90.

14 "Textologisches" Fazit bei LORETZ, II 258ff.

15 Abzüglich "Jahwe".

16 SEYBOLD, Die Wallfahrtspsalmen 49/50.

17 SEYBOLD, Die Wallfahrtspsalmen 50.

kritischen Urteilen der letzten Zeit[18] - dazu, noch einmal von
Grund auf neu nachzuforschen?

Prekär ist, daß auch mit den sonstigen exegetischen Methoden
tragfähigerer Boden kaum unter die Füße gebracht worden ist.
Weder mit der Stil- noch etwa mit der Gattungskritik. Unter
dem ersteren der beiden genannten Aspekte ist es zu einer um-
fassenderen Untersuchung noch gar nicht gekommen. Und vereinzel-
te Bemerkungen nützen nicht viel[19]. Thesen wie die erscheinen
der Überprüfung bedürftig, da seien "fast gar keine festen Strukturen" erkennbar[20] und "in den ungelenken und schwerfälligen
Formulierungen sprechen sich Menschen aus, die sich schwer tun
im Umgang mit dem Wort"[21]. Träfen diese Aufstellungen zu, so
bliebe allerdings auch wenig Grund zu der Hoffnung, stilkritische Befunde könnten vielleicht den einen oder anderen Anhalt
gewähren. - Was unter dem Aspekt der anderen Methode, also
gattungskritisch, zum Psalmtext vorgebracht wurde, hilft ebensowenig voran. Wie könnte auch verstehen helfen, wenn immer
wieder gesagt wird, er gehöre "im weiteren Sinne" zur Gattung
der Volksklagelieder? Im weiteren Sinne - weil die Klage in
ihm verstummt sei, Vertrauen im Vordergrund stehe. Er sei drum,
genauer genommen, Vertrauenslied des Volkes[22]. Was nützt eine
solche Umschreibung? Tritt sie nicht, mit dem Pathos der Gattungsbestimmung, den offenkundigen Umstand breit, daß im Eingang des Psalms das Vertrauensmotiv erscheint? Eine wirkliche
den Text umgreifende und prägende Gattung ist so doch nicht

---

18 Man vgl. SEYBOLD, Die Wallfahrtspsalmen mit LORETZ, II
    258ff oder VAN DER PLOEG, II 366ff!

19 Vollends nicht die unter dem relativ häufig berührten
    Gesichtspunkt rhythmische Gliederung, zumal ein Konsens
    noch nicht sichtbar wird. Man vgl. nur etwa GUNKEL, 550,
    mit VAN DER PLOEG, II 366.

20 SEYBOLD, Die Wallfahrtspsalmen 49.

21 SEYBOLD, Die Wallfahrtspsalmen 41. Ähnlich, anfangs des
    Jahrhunderts, DUHM 436.

22 GUNKEL 548. In seinem Gefolge andere. Man vgl. z.B. TAYLOR
    660 oder auch VAN DER PLOEG II 365.

festgestellt! Nichts, was Schlüsse zu ziehen erlaubte, etwa
- was hilfreich wäre - auf einen Sitz im Leben[23]. Zudem, mit
jener Art von Gattungsumschreibung konkurrieren auch allerlei
andere, die kaum weniger fragwürdig sind: etwa "prayer liturgy"[24]
oder "Gattung der geistlichen Lieder"[25] oder kaum klassifizier-
bares individuelles Gebet[26]. Daneben sind Versuche beachtlich,
behelfsweise - differenziert und komplex - zu umschreiben[27].
Unverkennbar nach allem, daß unser Psalm, so wie er beschaffen
ist, gattungskritisch sehr schwer zu nehmen und zu erschließen
ist[28].

Ihm gemäßer ist offenkundig die Methode der Traditionskritik[29],
- die "kritisch" unterscheidende Erhebung, welche Traditionen,
welche geprägten geistigen, vorstellungsmäßige Welten ("Rückräume"), den Psalmisten bei der Abfassung seines Texts bewegt
und beeinflußt haben. Indessen, gerade diese so gemäße und
aufschlußreiche Methode ist beim vorliegenden Psalm noch nirgends so recht zum Tragen gekommen. Sie bleibt, auch im besten
Falle, in Ansätzen stecken, erschöpft sich zumeist in Hinweisen
auf diesen oder jenen vermeintlichen oder wirklichen Berührungs-
punkt mit anderem alttestamentlichen Textgut[30], ist bis dato

---

23 Ein Gesichtspunkt, ganz nebenbei gesagt, der oft gar nicht
    angesprochen wird!

24 LESLIE 125. Eine Einschätzung, die auf einen kultischen
    "Sitz" abzielt und - literarkritische Fragen verdrängt!

25 STAERK 213.

26 SEYBOLD, Die Wallfahrtspsalmen 19.55.

27 Anerkennenswert DEISSLER 502 sowie KRAUS 1028.

28 ANDERSON, 861, spricht diese Schwierigkeit zutreffend an.

29 Zu deren Erläuterung etwa BEYERLIN, Wider die Hybris 71f.

30 U.a. ins Auge gefaßt sind Gen 49,10; Jes 28,16; die trito-
    jesajanischen Stellen 57,13; 60,21; 65,9; auch Mi 7,7ff;
    andererseits, sei es ganz, sei es versweise, Ps 1; 15; 34;
    37; 45; 46; 73 und 119, ferner Spr 2,13ff und Sir 32,23,
    vereinzelt auch summarischer, weitergreifend Elemente der
    Lehrdichtung, die Weisheits- und die Zionstradition. Siehe
    PRESS, Der zeitgeschichtliche Hintergrund 403.404 und 413,

weder umfassend noch tiefschürfend und konsequent genug durch-
geführt. - Wie aber sollen, so lange der Stand der Dinge so
ist, Movens und Sinn unseres Psalms, gegebenenfalls seiner
literarischen Schichten, zureichend erfaßt werden können? Wie
sollen so wichtige Gesichtspunkte wie Urheberschaft und Ent-
stehungszeit[31] ohne traditionskritische, traditionsgeschichtliche Grundlegung in den Griff gebracht werden können?

Nach allem genug! Die Problematik, die das Verständnis unseres
Psalmes hindert, ist zwar nicht enzyklopädisch, aber in den
wichtigsten Komponenten, die zusammenwirken, umschrieben. Ist
nicht längstens klar, daß es hier, auch in diesem Fall, gerechtfertigt ist, von Grund auf neu zu sondieren, daß es einer wohl-
angelegten Folge von Studien bedarf, um das Knäuel der Probleme
aufzulösen[32]?

---

ansonsten die Psalmenkommentare, namentlich GUNKEL 548f,
DEISSLER 502 und, am meisten der Hervorhebung wert, KRAUS
1028.

31 Gerade auch etwa im letzten Punkt gehen die Meinungen weit
auseinander. Man vgl. beispielsweise H. SCHMIDT 226 und
EERDMANS 555 (vorexilisch datierend) mit PRESS, Der zeitgeschichtliche Hintergrund (Schlußphase des babylonischen
Exils) mit der Mehrzahl der übrigen Kommentatoren (abhebend
auf die verschiedenen Abschnitte der nachexilischen Zeit)!

32 Der Kürze halber sei es dem Verfasser erlassen, die Folge
der Untersuchungsschritte im Vorwege plausibel zu machen.
Einiges versteht sich ohnehin ganz von selbst. So gewiß
dies, daß nicht anders als textkritisch eingesetzt werden
kann.

2

Textkritik

Wie hat der hebräische Text unseres Psalms, als er zu Ende ge-
gestaltet war, ausgesehen, einschließlich etwaiger Zusätze[33]?

2.1
In v. 1a

Es leidet hier keinen Zweifel, daß der ursprüngliche Text "die,
die auf Jahwe vertrauen" dem Berge Zion verglichen, k^ehar-sijjôn
prädiziert hat. Es ist, entgegen der Lesart der versio Syriaca
und spätmittelalterlicher hebräischer Handschriften, nicht seine
Meinung gewesen, für die, die auf Jahwe vertrauen, sei es zugleich von Belang, daß sie b^ehar-sijjôn, auf besagtem Berge
seien und ihr Vertrauen auch auf diesen erstreckten. Der Kon-
sonant b, der bei "auf" vorausgesetzt wird, ist aus dem in der
Quadratschrift ähnlichen k hervorgegangen[34]. Die Vergleichs-
partikel, die mit diesem Konsonanten angezeigt wird, ist weitaus
besser als b bezeugt[35]. Unumstößlich nach allem, daß eingangs
des Psalms von denen die Rede ist, die ausschließlich auf Jahwe,
nicht zugleich und im Zusammenhang damit auf Zion, den von ihm
geheiligten Berg, vertrauen.

2.2
In v. 1-2a

Es klang bereits an: die Septuaginta nimmt nach dem Eröffnungs-
satz, der die Gottvertrauenden mit dem Zion vergleicht, einen
trennenden Einschnitt an, läßt mit der dann folgenden Wendung
"er wankt nicht in Ewigkeit" den nächsten Satz einsetzen und
begreift als dessen Subjekt nicht etwa das zu Beginn von v. 2

---

33 Zur Abgrenzung gegenüber der Literarkritik: BARTH /STECK,
    Exegese, [9]1980, 23f; WÜRTHWEIN, Der Text, [4]1973, 102f.

34 WÜRTHWEIN, Der Text, [4]1973, 104.215, Abb. 48!

35 Nicht allein durch die maßgebenden masoretischen Codices,
    sondern auch durch 11QPs[a] sowie Septuaginta, Vulgata u.a.m.

zur Sprache gebrachte Jerusalem, sondern denjenigen, der es bewohnt, ὁ κατοικῶν Ἱερουσαλήμ. Diese denkwürdige Textwiedergabe
setzt hierbei, evidentermaßen, eine vom masoretischen Wortlaut
abweichende Aussprache und Vokalisation der Konsonanten jšb voraus. Partizipiales jošeb. Nicht imperfektisch ješeb, wie hernach, Jahrhunderte später, von den Masoreten punktiert. Die
Septuaginta weicht nota bene, nicht im mindesten vom hebräischen Konsonantentext ab, bezeugt diesen wie die Masoreten. Sie
gibt aber der Überzeugung Ausdruck, das konsonantische jšb wolle
partizipial gelesen und aufgefaßt werden; es meine den, genauer
gesagt, jedweden, der Jerusalem bewohnt, sinngemäß kollektiv,
die Bewohnerschaft Jerusalems.

Es ist nicht zwingend, anzunehmen, diese Überzeugung der Septuaginta stehe und falle mit der Gliederung in Sätzen, welche sie
für angebracht hält. Eher ist für möglich zu halten, daß sie mit
einer bestimmten Zuordnung zusammenhängt. Wie es scheint, mit
der zum folgenden Wort, mit "Jerusalem" eingangs des Verses 2.
Im übrigen steht zu vermuten, daß die Übersetzer ins Griechische
einer Aussprachetradition gefolgt sind. Die maßgebende Frage
dürfte sein, ob diese der Endgestaltung des Textes entspricht. -
Zu ihrer Entscheidung verhilft nach Lage der Dinge eher die
Innere als die Äußere Textkritik[36]. Insonderheit die Überlegung,
was jšb im alttestamentlichen Hebräisch überhaupt bedeutet haben
kann.

---

36 Zumal ein wertvoller Zeuge, die Handschrift 11QPs[a], in der
    anstehenden Frage nicht sicher zu verrechnen ist. Zwar liebt
    er scriptio plena und den Gebrauch der mater lectionis, läßt
    insofern auch erwarten, er zeige das entscheidende o im
    Falle partizipialer Formung an. Indes, die so wichtige Psal-
    menhandschrift von Qumran weist just an der fraglichen Stel-
    le eine Lücke auf. Das nachfolgende Wörtchen lw, das ein-
    deutig masc. ist, erlaubt - wegen des seltsam parallelen Be-
    funds bei der Bezeugung von 122,3 in der nämlichen Hand-
    schrift 11QPs[a] - nicht ohne weiteres den Rückschluß auf ein
    partizipiales jwšb, das ja ganz ohne Frage ebenso masc. sein
    würde. Man vgl. hier SANDERS, The Psalms Scroll 24.25! Mag
    ja sein, daß dieser Zeuge mit der Septuaginta (und dem Psal-
    terium Gallicanum) zusammen ("qui habitat in Hierusalem") in
    ein und dieselbe Waagschale gehört. Erweisbar ist es indessen
    nicht.

Semantisch ist zu beachten, daß das Wort in alttestamentlicher
Zeit nicht so einfach, wie von vielen unterstellt[37], "bleiben"
gemeint haben kann. Lexikalisch ist offenbar[38], daß es sich,
im biblischen Hebräisch, von den Bedeutungen "sich setzen,
sitzen[39], sitzen bleiben, wohnen, bewohnen" nicht löst, - daß
es nie, wie in nachbiblischer Zeit[40], vom "Sitzen" und "Wohnen"
abstrahiert, die Bedeutung "ruhig sein" annimmt. Es ist demgemäß
klar, daß die Masoreten, die erst nachbiblisch frühmittelalter-
lich tätig waren, keine Schwierigkeiten gehabt haben konnten,
vom Zionsberg gesagt sein zu lassen, "er wankt nicht", (dann
relativ starker Trenner, und die folgenden beiden Wörter mit-
einander durch Verbinder verklammert) "er ist auf Dauer ruhig",
"bleibt" unbewegt in diesem Sinn. Andererseits ist ebenso klar -
oder sollte es wenigstens sein, daß vor dem Ende der biblisch-
alttestamentlichen Zeit das uns vorliegende jšb die Bedeutungs-
momente "sich setzen, sitzen, wohnen, bewohnen" nicht abge-
streift haben konnte. Selbst an den ganz wenigen Stellen, Gen
22,5 und 24,55, wo jšb "dableiben" im Gegensatz zu hlk, zu
"gehen, weggehen" meint, ist "sitzenbleiben" mit inbegriffen.
Dieser Gesamtsachverhalt muß Zweifel wecken, ob ein so verstan-
denes Verb jšb auf jenen Berg überhaupt bezogen gewesen sein
konnte. Gewiß ist nicht auszuschließen, daß dieser in alttestamentlicher Zeit personhaft vorgestellt war und ihm entsprechend
personhaftes Tun und Lassen zugeschrieben worden sein konnte[41].
Ist indessen plausibel, daß von ihm ausgesagt gewesen sein
sollte, er bleibe auf Dauer "dasitzen" oder gar "wohnen"[42]?

37 Von Kommentatoren neuerer Zeit, aber auch schon von Über-
   setzern der Antike (etwa denen der versio Syriaca), ja, last
   but not least von den Masoreten, die den Codex Leningradensis
   punktiert (vokalisiert und akzentuiert) haben. Näheres hierzu
   im Folgenden!

38 BAUMGARTNER, Hebräisches und aramäisches Lexikon, [3]1974, 424.

39 Je nach dem Kontext "den Thron besteigen, thronen".

40 DALMAN, Aramäisch-neuhebräisches Handwörterbuch 188.

41 Die Stellen Ps 68,17; 98,8; 114,4.6; Jes 44,23; 49,13; 54,10
   und 55,12 dokumentieren diese Möglichkeit!

42 EERDMANS 555!

Bleibt man in diesem Punkte genau, so schwindet[43] die Neigung,
jšb auf besagten Berg zurückzubeziehen. Versucht man mit den im
alttestamentlichen Hebräisch gesicherten Bedeutungen "sich setzen, sitzen, sitzen bleiben, wohnen, bewohnen" zurechtzukommen,
so senkt sich die Waagschale mit Zwangsläufigkeit[44] auf der
Seite der griechischen Lesart[45]: Im Rahmen des in alttestamentlicher Zeit semantisch tatsächlich Möglichen hat es mehr für
sich, jšb in einer jener wohldokumentierten Bedeutungen - "wohnen, bewohnen" - mit der anschließend erwähnten Stadt im Zusammenhang stehen zu lassen. Es ist, nach der letzten Gestaltung
des ursprünglichen Texts, vom Bewohnen Jerusalems die Rede. Und
da es, abgetrennt vom voraufgehenden Text, eines neuen Subjektes
bedarf, ist dasselbe, bei der überkommenen Wörterverbindung,
schwerlich irgendwo anders zu finden als in dem Wort jšb selbst.
Es muß zunächst, so wie von der Septuaginta vorausgesetzt, jošeb
jerûšalǎim geheißen haben: "der, der in Jerusalem wohnt", "jed-
weder, der Jerusalem bewohnt" oder, deutlicher kollektiv, "Bewohnerschaft Jerusalems"[46].

Allerdings, die offenkundige Parallelität zwischen den Vers-
hälften 2a und 2b weckt alsobald andere Zweifel: Die nämlich,
ob in dem intendierten Vergleich, der wahrgenommenen Entsprechung "Bewohnerschaft" Platz gehabt hat. Spricht nicht alles
dafür, daß Jerusalem selbst und als solches, die vor Augen lie-
gende bergumgebene Stadt - und nicht, komplizierter und un-
anschaulicher, "die Bewohnerschaft Jerusalems" - mit dem von
seinem Gott umhegten Volk verglichen worden ist? Auch liegt die
Annahme am nächsten, jenes lh am Ende des Verses 2a sei von
Hause aus auf das feminine Wort Jerusalem zurückbezogen gewesen

---

43   Trotz BRIGGS II 454 sowie MANNATI / DE SOLMS 145.

44   Auch nicht durch DAHOOD III 214.215 im Ernste aufgehalten.

45   Bemerkenswert nebenbei, wie sich der skizzierte Sachverhalt
     bei DUHM 434 Geltung verschafft! Im ganzen kann man seinem
     Lösungsversuch, weil er eine Textänderung einbegreift, nicht
     folgen.

46   Gen 34,30 belegt, daß das partizipiale jošeb sehr wohl kol-
     lektiv die Bewohnerschaft eines bestimmten Bereiches ge-
     meint haben kann.

und nicht auf das Masculinum jošeb jᵉrúšaläim. Es steht, so
möchte man meinen, tausend gegen eins, daß primär Jerusalem,
Jerusalem selbst und nicht so hervorgehoben dessen Bewohnerschaft, ob seiner geschützten Lage vergleichsweise apostrophiert
worden ist. Es sieht danach aus, als habe hernach, sekundär,
"des Gedankens Blässe" gefunden, komparabel und kompatibel sei
mit Jahwes Volk nicht so sehr Jerusalem; vielmehr seine Bewohnerschaft. Mutet dies nicht - ob der Kleinlichkeit des Bestre-
bens, den Vergleich zu perfektionieren - glossenhaft an? Wem
könnte solches so angelegen gewesen sein, daß er drum, die Natur
des Vergleichs verkennend, v. 2a zu zerdehnen und seine gram-
matische Stimmigkeit zu strapazieren in Kauf nahm[47]? Dies kann
kaum ein anderer als ein Späterer, ein Glossator gewesen sein.
In einem Akt witzlos perfektionierender Glossierung ist vor
jᵉrúšaläim ein partizipial gemeintes jšb eingetragen worden.
Literarkritisch gesehen ein Zusatz. Textkritisch betrachtet
jedoch ein Bestandteil des ursprünglichen Texts in seiner Letztgestalt.

Die Interpolation von jšb hat vielfältig Verwirrung gestiftet!
Sie hat zu der Auffassung geführt, in jošeb jᵉrúšaläim, der Bewohnerschaft Jerusalems, sei das Subjekt zu dem Prädikat "wird
auf Dauer nicht wanken" zu erblicken. Die Septuaginta - und im
Anschluß an sie auch andere - sind zu der Meinung gelangt, so
kombinieren zu sollen: οὐ σαλευθήσεται εἰς τὸν αἰῶνα ὁ κατοικῶν
Ἰερουσαλήμ [48]. Anderwärts hat jošeb jᵉrúšaläim einen Teil von
v. 1b angezogen und vom voraufgehenden Text separiert[49].

---

47 Denn, wie bereits angedeutet, hätte das maskuline jošeb
jᵉrúšaläim im Rückbezug eigentlich lw (statt des bezeugten
lh) verlangt. Wobei allerdings hinzuzubemerken ist, daß
auch lh einer o-Vokalisierung Raum zu geben vermag. Man
vgl. MEYER, Hebräische Grammatik, I, 1966, 50 und etwa auch
WUTZ 330.331!

48 Zu den Nachwirkungen dieses Textverständnisses siehe etwa
noch einmal KALT 464; BONKAMP 549! Man vgl. hier und im
Folgenden ergänzend das zu Beginn von Ziffer 1 Referierte!

49 Man vgl. beispielshalber WUTZ 330f!

Schließlich ist der Versuch zu verzeichnen, von dem wenig über-
zeugenden Bedeutungsmoment "Bewohnerschaft" wieder loszukommen
und die Wendung in einem anderen Sinn zu verkraften: in dem des
"Jerusalem-Throners" Jahwe[50]. Ein Versuch von kaum größerer
Überzeugungskraft!

Andererseits haben begreifliche Bedenken gegenüber einem partizipialen jšb, das Vergleich und Parallelelität in v. 2 ver-
schlimmbessert, den Ausweg beschreiten lassen, jšb imperfektisch
zu fassen und ins Gefüge des Gedankens v. 1b einzupassen. So
zurechtzukommen erschien in der Zeit der Masoreten möglich.
Vermochte doch jenes Verbum inzwischen "ruhig sein" zu bedeuten.
Gleichwohl führte der vermeintlich gangbare Ausweg stracks zu
Unannehmlichkeiten. Er bescherte die Überdehnung des Verses 1b.
Und er spaltete, um Zweigliedrigkeit zu erzeugen, lo>-jimmôṭ
le<ôlam[51], was doch ganz offensichtlich als Formel zu bewerten
und unzertrennlich ist[52]. Folgewirkungen, die zwar die Masoreten
nicht störten, die aber doch dem, der formkritisch geschult zu-
rückblickt, bedenklich erscheinen müssen. Was Wunder, daß sich
dann nachgerade an der Gestalt des masoretischen Textes wiederholt Versuche entzündeten, durch Änderungen, "Emendationen"[53],
oder abweichende Einteilung[54] Unannehmliches abzubauen! Versuche, muß man wohl sagen, die ihrerseits fragwürdig sind!

Nach allem ist offenbar, daß alle überkommenen Bezeugungen -
die masoretische so sehr wie die griechische und beide vorne-

---

50 DAHOOD III 214f.

51 Man beachte die masoretische Akzentsetzung!

52 Man vgl. in dieser Hinsicht Ps 15,5; 30,7; 112,6 sowie
   Spr 10,30! Siehe nicht zuletzt CULLEY, Oral Formulaic
   Language 57, Formel Nr. 46!

53 DUHM 434f; LORETZ II 258f! Beide ändern, um ein mit jeseb
   verträglicheres Subjekt zu bekommen, den pluralischen Anfang des Psalms "Die, die Jahwe vertrauen" in den Singular
   "Der, der Jahwe vertraut". Ebendieser soll es nun sein,
   der "wohnt"!

54 Abweichend von der, die die masoretische Akzentuierung
   bewirkt. Siehe BRIGGS II 454; BERTHOLET 258!

weg! - in sich problematisch sind. Es ist kaum weniger klar,
was hierfür ursächlich ist: Die ungeschickte und sachlich über-
flüssige Glosse jošeb, die zur Perfektionierung des Vergleichs
von v. 2 jᵉrūšālāim vorangestellt worden ist. Sie ist, begreif-
licherweise, bald unverständlich geworden und hat so in den
verschiedenen Zweigen der Textüberlieferung Bemühungen an-
gestoßen, die darauf gerichtet sind, das glossenhafte Wort
zu "verdauen". So verschieden auch die sich so ergebenden Fassungen des Textes sind, so setzen sie doch, direkt oder indirekt, dieselben hebräischen Konsonanten - jšb - voraus. Diese
Einhelligkeit verwehrt es, sie textkritisch auszumerzen. Sie
sind in nicht zu bestreitender Weise Teil der abschließenden
literarischen Gestaltung des Psalms. Sprachgeschichtlich-seman-
tische Besinnung legt klar, daß die Septuaginta, nicht etwa der
Masoretische Text, Aussprache, Sinn und Bezug von jšb dem Urtext gemäß bezeugt. Gemeint war ursprünglich: "Die Bewohnerschaft Jerusalems[55] - Berge umhegen sie, und Jahwe umhegt (ge-
nauso) sein Volk."

Zusammen mit der textkritischen Frage klärt sich zugleich auch
die, wie der Text gegliedert sein will: loᵓ-jimmôṭ lᵉᶜôlam "er
wankt nie" ist nicht zu zertrennen und hat nichts mit jšb zu
tun, gehört vielmehr, entgegen der Auffassung der Griechischen
Bibel, im Einklang jedoch mit der Handschrift 11QPsᵃ[56], zum
voraufgehenden Text, am unmittelbarsten zum "Zionsberg". So
schält sich am Ende dieser sichtlich recht wichtigen textkritischen Erörterung heraus:
1a: "Die Jahwe vertrauen, sind wie der Zionsberg:
1b: Er wankt nie.
2a: Die Bewohnerschaft Jerusalems -
   Berge umhegen sie.
2b Ebenso umhegt Jahwe sein Volk."

---

55 Siehe dazu noch einmal Anm. 46!

56 Vgl. die relativische Anbindung von 1b an 1a in ihr!

2.3
In v. 3

Weit weniger aufwendig ist die Klärung der hier dringlichen
Fragen[57]. - Eine von ihnen[58] läuft im wesentlichen darauf hinaus, ob im 3. Vers vom "Zepter des Frevels[59]" oder "des Frevlers[59]" die Rede ist. Im letzteren Falle wäre die Person, die
das Unrechtsregiment vertritt, mit zur Sprache gebracht; im
ersteren Falle nicht. - Die zweite Lesart (haraša^c "des Frevlers") ist weniger gewichtig bezeugt. Sie hat lediglich einige
masoretische Handschriften nachgeordneten Rangs hinter sich;
ansonsten das παρανόμου der Übersetzung des Symmachus (vom aus-
gehenden 2. Jh. n. Chr.)[60]. Ob indessen die Septuaginta mit
τῶν ἁμαρτωλῶν (gen.plur. "der Sünder") für dieselbe Lesart
(haraša^c "des Frevlers") in Anspruch zu nehmen ist, scheint
keineswegs sicher zu sein. Gesetzt den Fall, ihre Übersetzer
wären, freier übertragend, bestrebt gewesen, das abstrakt For-
mulierte personenbezogen greifbar zu machen, vielleicht auch,
um den Gerechten von v. 3a die Frevler entsprechen zu lassen,
so könnten sie bei alledem durchaus von haraeša^c ausgegangen
sein, der Lesart mithin, die der Masoretische Text (mehrheitlich
und in den maßgebenden Handschriften) bezeugt. Somit sollte
dahingestellt bleiben, auf welcher Seite, für welche der beiden
Fassungen, die Septuaginta zu verrechnen ist. Im übrigen versteht sich von selbst: Das Psalterium Gallicanum ist (mit
"peccatorum") einfach von der Septuaginta abhängig. Die versio
Syriaca ist es im vorliegenden Falle - wie überhaupt an vielen
Stellen[61] - wohl auch. Ergo steht alles in allem nicht viel und
nichts von Gewicht hinter der Lesart haraša^c, "des Frevlers". -

---

57 3^a im Apparat von BHS gehört gewiß nicht zu ihnen; kî hat
    als ursprünglich zu gelten.

58 3^c in BHS.

59 VAN LEEUWEN, rš^c, in: THAT II, 1976, 813ff.

60 Nach der Ausgabe von FIELD, Origenis Hexaplorum II 283
    und der dortigen Anmerkung, die die Syrohexaplaris anführt.

61 WÜRTHWEIN, Der Text, ^{4}1973, 87f.

Andererseits ist in die Waagschale zu werfen, daß der Ausdruck
šebaet haraešaᶜ, "Zepter des Frevels", nichts Verdächtiges an
sich hat[62]. Anderwärts ist in echter Entsprechung von šebaet
mîšor die Rede, gar in ausdrücklichem Kontraste zu raešaᶜ, Ps
45,7.8. Warum sollte dann der uns überkommene Ausdruck änder-
ungsbedürftig sein? Ja, in Ez 7,11 wird, in noch weitergehender
Entsprechung, maṭtē-raešaᶜ formuliert, "Stab des Frevels". Warum
sollte dann, alles in allem gerechnet, unsere Lesart šebaet
haraešaᶜ nicht als ursprünglich zu belassen sein? Der Urtext
dürfte, mehr bild- und symbol- als personenbezogen, vom "Zepter
des Frevels" gesprochen haben!

Eine weitere Frage[63] beim selben Vers, im nämlichen Zusammenhang, betrifft das Verb, das zum Ausdruck bringt, was mit dem
Zepter geschehen soll. Die Frage läuft darauf hinaus, ob das
"Zepter des Frevels" Subjekt des Geschehens im grammatischen
Sinne ist oder ob es, anders ins Auge gefaßt, das Objekt einer
Handlung bildet, deren Subjekt die Gottheit ist. Um das Kaliber
des Textproblems nicht größer als nötig erscheinen zu lassen,
ist sogleich hinzubemerken, die Differenz sei in ihrem Kerne
nicht groß. Sie besteht, bei Lichte besehen, darin, daß Jahwe,
der nach alttestamentlichem Verständnis alles geschichtliche
Geschehen bewirkt, im ersteren Falle hintergründig unerwähnt
bleibt, im letzteren Falle hingegen enthüllt und ausdrücklich
zur Sprache kommt. In der letzteren Fassung bietet die Septuaginta den Text dar. Sie formuliert, rückbezogen auf Κύριος,
ἀφήσει: Er, besagter Herr, werde jenes Zepter los- und gewähren lassen, werde es ruhen lassen. Die Übersetzer setzen
das Hiphᶜil von nwḥ, jnjḥ voraus. Demgegenüber hat der Masoretische Text, graphisch nur eine Winzigkeit anders, das Qal von
derselben Wurzel, also jnwḥ. Er bringt so - im erstgenannten
Sinne - zum Ausdruck, das Zepter des Frevels bleibe nicht ruhen. Es steht außer Frage: letztere Fassung ist breiter und

---

62 MEYER, Hebräische Grammatik II, 1969, 45/46.

63 3[b] im Apparat von BHS.

gewichtiger bezeugt. Die Septuaginta steht mit ihrer Variante allein da[64]. Selbst Symmachus tritt ihr nicht bei, bleibt faktisch aufseiten der Lesart, welche dann die Masoreten vertreten[65]. Hervorzuheben ist noch, daß auch die gar ältere hebräische Handschrift 11QPs[a] jnwh, nicht kausatives jnjh, aufweist[66]. Ergo ist klar, daß die Verbform im Qal Rückhalt in mehreren Zweigen der Textüberlieferung hat. - Zieht man mit in Betracht, daß bei Zusagen für die Zukunft die Möglichkeit bestens belegt ist, den geschichtswirkenden Gott gleichwohl nicht grammatisches Subjekt sein zu lassen, vielmehr das, was sein oder nicht sein soll[67], so hat die Annahme am meisten für sich, jnwh, nicht jnjh, sei ursprünglich. Mithin wird v. 3 im Urtext wie folgt angehoben haben: kj lɔ jnwh šbṭ hrš[c] ... -

"Fürwahr, nicht wird (lasten) bleiben das Zepter des Frevels ..."

---

64 Abgesehen natürlich vom Psalterium Gallicanum, welches von ihr abhängig ist.

65 Dazu noch einmal FIELD (Hg.), Origenis Hexaplorum II 283.

66 SANDERS, The Psalms Scroll 25; zur Frage der zeitlichen Ansetzung ebd. 9.

67 Exemplarisch Gen 49,10: "Nicht weicht das Zepter von Juda, noch der Führerstab von seinen Füßen ..."

3
Literarkritik

Unser Psalm ist, so wie er überkommen ist, nicht in einem Zuge
verfaßt und literarisch fixiert worden. Er schließt Teile in
sich, die hernach hinzugekommen sind. Schwerlich auf einen
Schlag. Eher schon, ja, so gut wie sicher, nach und nach. -
Welches sind die hinzugesetzten Stücke?

3.1
Die Überschrift in v. 1

Die Bemerkung "Wallfahrtslied"[68] steht nicht nur an der Spitze
des Psalms, der hier verhandelt wird, sondern auch, sich[69] ste-
tig und stereotyp wiederholend, vor jedem Text der Sammlung des
Wallfahrtspsalters, Ps 120-134. Sie scheint so vorangestellt
worden zu sein, um - nach der Einfügung der Sammlung in den
größeren, sich sukzessive zum Psalter hin erweiternden Verband
- unmißverständlich zu markieren und festzuhalten, inwieweit
sich diese erstreckt, was zu ihr gehört und was nicht[70]. Der
Vermerk ist demgemäß, mit entsprechender Wahrscheinlichkeit,
nachträglich und redaktionell. Ja, er ist dies im vorliegenden
Fall, in 125,1, sogar mit Sicherheit. Denn ursprünglich könnte
er - trotz des umschriebenen Sachverhalts - allenfalls sein,
entspräche ihm uneingeschränkt die Substanz des Folgetexts. Sie
aber mutet, insbesondere in den Versen 3-5, keineswegs so an,
als sei sie dazu erschaffen, auf Wallfahrtsstationen zum Zion
- üblicherweise immer wieder - Pilger zu befassen. Ist es nicht
schwer vorstellbar, daß der die Überwindung einer Krise und die
Abwehr einer Versuchung erstrebende Text, der auch Elemente der
Auseinandersetzung und Abgrenzung nach innen enthält, von vorne-

---

68 BAUMGARTNER, Hebräisches und aramäisches Lexikon, [3]1974,
    580; KEET, A Study of the Psalms of Ascents 1ff; SEYBOLD,
    Die Wallfahrtspsalmen 13ff.

69 Abgesehen von einer Variation in 121,1.

70 Zur Ergänzung der Argumente BEYERLIN, Wider die Hybris des
    Geistes 38f.

herein als Wallfahrtslied intendiert und in Gebrauch gegeben
worden sein sollte? Spricht nicht mehr dafür, er sei erst im
nachhinein umgewidmet und in den Verwendungszusammenhang "Wallfahrten zum Zion" eingebracht worden? Man kann doch wohl kaum
umhin, diese Fragen zu bejahen. Dann aber erscheint es als
sicher, daß "Wallfahrtslied" erst nachträglich sekundär davor-
gesetzt worden ist.

3.2
Das letzte Wort in v. 1

Es ist hier - tunlichst kurz - an die literarkritische Impli-
kation zu erinnern, die sich bei unserer textkritischen Abwägung
zwangsläufig eingestellt hat: jšb, das Wort an der Nahtstelle
zwischen v. 1 und v. 2, ist nur als Glosse erklärlich[71]. Es hat
sich da einer hinreißen lassen zum Einschub eines kleinen Wortes
vor den Sätzchen 2a und b, die parataktisch einen Vergleich an-
stellen[72] zwischen Jerusalem und dem Volke Jahwes. Dies um
perfektionistisch klarzustellen, nicht Jerusalem selbst, die
Stadt als solche, nein, genauergenommen jošeb jerušaláim, die
Bewohnerschaft dieser Stadt, korrespondiere dem Gottesvolk. Es
liegt auf der Hand und ist nachzuempfinden, daß hier unnötiger-
weise, kleinlich prosaisch und die Natur des Vergleichs verkennend expliziert worden ist - charakteristisch glossenhaft.
Die Annahme ist unausweichlich: jšb ist interpoliert[73].

3.3
Das dritte Glied in v. 2

Es besteht aus der Formel, die in der Dichtung des Alten Testaments verschiedentlich in Erscheinung tritt, meꜥattā weꜥad-ꜥolam

---

71 Aufweis in Ziffer 2.2.

72 MEYER, Hebräische Grammatik III, 1972, 100/101.

73 Beachtenswert nebenbei, daß auch VAN DER PLOEG, II 366, mit
    der Möglichkeit dieser Einfügung rechnet. Freilich, soweit
    zu sehen, mehr aus formalen Gründen.

"von nun an und immerdar"[74]. Bei dieser Formel wird, wo immer
sie alttestamentlich angewandt ist, die Ausgangsbedeutung des
Bestandteils "von nun an"[75] nicht mehr so recht empfunden[76].
Das dritte Glied in v. 2 bringt also im Grunde genommen nicht
mehr als noch einmal den Gedanken "auf Dauer"[77], der, nur einen
Augenblick vorher, am Schluß von v. 1, ein erstes Mal verlautet
ist. Die so schnelle Wiederholung unter Wiederverwendung des
Schlüsselwortes $^c\hat{o}$lam, die in der Sache nicht zwingend ist,
weckt erste Zweifel daran, ob das Glied 2c schon ursprünglich
hinzugehört hat, ob es nicht vielmehr eingepflanzt ist. - Diese
Zweifel verstärken sich noch, bedenkt man zugleich, daß sich
das rhetorisch zergliedert breite Stück an einen ausgewachsenen
Parallelismus membrorum anschließt, an den Vergleichssatz 2a
und 2b, der wohlabgerundet und in seiner Zweigliedrigkeit auch
lang genug ist, um eine Zeile auszufüllen[78]. Ist es nicht schwer
vorstellbar, daß nach dem gewiß nicht kurzen parallelisierenden
Satz "Jerusalem - Berge umhegen es; und Jahwe umhegt so sein
Volk" es ursprünglich weitergegangen sein sollte "von nun an
und immerdar"? Ist die so ausladende Dreigliedrigkeit nicht in
jedem Falle zuviel des Guten, selbst wenn man annehmen wollte,
da sei schon mit einer gewissen Lockerung des poetischen Form-
zwangs und einem Zug zum Prosaischen zu rechnen? - Alles in
allem erscheint es geraten, v. 2c als Zuwachs anzusehen und
literarkritisch abzusetzen[79].

---

74 Jes 9,6; 59,21; Mi 4,7; Ps 113,2; 115,18; 121,8; 131,3.

75 Das Moment des Neueinsatzes gegenüber dem status quo ante.

76 Mit LOEWENSTAMM, The Formula me^{c}attā w^{ec}ad ^{c}olām, in:
    Comparative Studies 166-170.

77 JENNI, Das Wort ^{c}olām, in: ZAW 64, 1952, 197ff und 65,
    1953, 1ff!

78 Selbstredend geht es nicht an, allein unter dem Eindruck
    der umknickenden Zeile in der BHS-Edition zu argumentieren.
    Anderwärts, im Kodex von Aleppo, dem musterhaften, sind die
    Zeilen ja anders arrangiert! Hingegen dürfte es sachgerecht
    sein, ausgehend vom Parallelismus membrorum, der zweifels-
    frei existiert, zu folgern.

79 Im Endeffekt, nicht in der Herleitung, mit GUNKEL 550;

3.4

Das Schlußstück in v. 5

Es besteht aus der Wendung šalôm ʿāl-jiśraʾel "Heil über Israel!" - Man setzt am besten mit der Feststellung ein, dieser
Passus hänge mit dem voraufgehenden Text nicht sonderlich eng
zusammen. Am wenigsten mit dem vorstehenden Teil von v. 5, der
die Nicht-Gerechten "verwünscht" in schwergewichtiger, schwer-
fälliger Breite. Es ist schlechterdings unvorstellbar, daß das
Schlußstück 5c mit 5a und 5b zusammen einen Tristichos gebildet
haben sollte[80]. Tat es dies nicht, dann bleibt - unter der Vor-
aussetzung, daß poetisch gestaltet ist - nur die Annahme übrig,
es stelle einen Kurzvers dar[81], einen Monostichos. - Man könnte
erwägen, ob dieser resümieren sollte, was im voraufgehenden
Text verlautet, vor allem in 4a-5b, in der Bitte für die Gerechten und im Wunsch wider die, die das nicht sind. Freilich
bricht dann die Frage auf, ob die Wortwahl "Israel" in der
Schlußpassage der scharfen Unterscheidung in den vorigen Sätzen
entspricht, der Unterscheidung zwischen den "Guten", den redlich
Gesonnenen, den "Gerechten" auf der einen Seite und denen, die
solches nicht sind, auf der anderen Seite. Liegt es im Duktus
dieser internen Scheidung und Unterscheidung, daß hernach pauschal "Israel" ins Auge gefaßt wird, "Heil über Israel"? Sollte
die Frage vielleicht aus der Überlegung heraus zu bejahen sein,
da sei an das wahre Israel gedacht, unterschieden von dem ge-
meinhin so genannten? Indessen, wie sollte sich dies festmachen
lassen? Immerhin, in Ps 1, wo die Unterscheidung "nach innen"
ganz ähnlich und in gleicher Schärfe gemacht ist, kommt "Israel"

H. SCHMIDT 225; OESTERLEY 512; KRAUS 1028; VAN DER PLOEG
II 366f u.a.m. Natürlich kann man sich fragen, ob es not-
wendig war, das schon oft Angenommene neu zu begründen.
Indessen, wer die Art der oft kargen Argumente betrachtet
(vorausgesetzt, es werden überhaupt irgendwelche gebracht),
wird die Notwendigkeit kaum bezweifeln.

80 Insoweit im Einklang mit MOWINCKEL, Real and apparent
Tricola 89f.

81 Vergleichenswert FOHRER, Über den Kurzvers, in: ZAW 66,
1954, 199ff.

nirgends zur Sprache, liegt der Gebrauch dieses Worts nicht annähernd in der Luft! Wer wollte behaupten, daß dieses zufällig
sei? Ist es dann nicht unwahrscheinlich, daß der uns vorliegende
Psalm am Ende so einfach "Israel" gesagt haben sollte? Nein, es
spricht mehr dafür, es sei erst nachträglich dazu gekommen!

Auf einem Blatte für sich müßte der Gedanke zu stehen kommen,
hier könnte mit liturgischer Wechselrede zu rechnen sein, mit
einem Gegenüber zweier Stimmen. Hier, in 4a-5b, sei in der einen
Weise gedacht und gesprochen, dort, in 5c, in einem anderen
Duktus[82]. Derart auf ein liturgisches Gegenüber verteilt, er-
schiene die Divergenz zwischen der Masse des Texts, die "Gerechte" von Nicht-"Gerechten" abhebt, und dem Schlußwort, das
"Israel" segnet, einigermaßen verträglich. Besonders allerdings
dann, dürfte man dazuhin annehmen, der liturgische Psalm sei
nicht einheitlich abgefaßt, sondern aus vorgegebenen Stücken
zusammengefügt. Wäre er komplex, so fände, was divergiert, die
überzeugendste Erklärung: in der Zurückführung auf verschiedene
Autoren, vielleicht gar verschiedene Kreise. Bezieht man den
Eindruck ein, der abschließende Passus, 5c, mute eher als der
voraufgehende Text, 1a-5b, kultisch-liturgisch an[83], so erlangt
die Annahme das Übergewicht, der Psalm sei, wenn überhaupt ein
liturgischer, dann ein komplex liturgischer Text, zu einem
solchen durch die Hinzufügung des Kurzverses 5c geworden.

Gleichgültig also, ob mit liturgischer Struktur gerechnet wird
oder nicht, es empfiehlt sich in jedem Falle die Annahme, 5c
habe seinen eigenen Ursprung gehabt und sei hinzugekommen[84].

---

82 Mit dem Stichwort "liturgisch" und dem Gedanken an (priester-
    liche) Antwort wird ab und zu operiert. MOWINCKEL, Real and
    apparent Tricola 90. Im übrigen JACOB, Beiträge zu einer
    Einleitung, in: ZAW 16, 1896, 151ff; GRAETZ II 643; HER-
    KENNE 126; LESLIE 126; TAYLOR 663 und nicht zuletzt KEET,
    Psalms of Ascents 48.

83 Ein Eindruck, der sich uns noch vertiefen und bestätigen
    wird.

84 Zu dieser Annahme neigen einige, mit mehr oder weniger
    großer Bestimmtheit: so BAETHGEN 380; GUNKEL 549; OESTERLEY
    512; KEET 48; VAN DER PLOEG II 366.368; KRAUS 1028; LORETZ

3.5
Die Integrität ansonsten

Schaut man, was sich ergab, zusammen, so heben sich als literarkritisch sekundär vier kleinere Stücke ab: 1.) die Überschrift
"Wallfahrtslied" im Eingang von v. 1, 2.) die Glosse "Bewohnerschaft" an der Nahtstelle zwischen v. 1 und 2, 3.) die formel-
hafte Wendung "von nun an und immerdar" im letzten Glied von
v. 2 und 4.) der Schluß-Monostichos "Heil über Israel!" v. 5c.
Was hier aufgezählt ist, erscheint peripher, bedeutet Abstriche
mehr oder weniger am Rande, läßt andererseits ein ansehnliches
Textgut übrig, das fast ununterbrochen ist. Ist dieses der primäre Bestand, die ursprüngliche, noch nicht erweiterte "Einheit"?

Wer so fragt, gerät, ohne es zu wollen, in die Schußlinie einer
gewissen "Textologie"[85]. Diese geht - ganz zu Recht, wer wollte's
bestreiten? - davon aus, daß alttestamentliche Texte nicht sta-
tisch, sondern in sich dynamisch sind, daß sie neue Rezeptionen
und Interpretationen auf sich ziehen können, sich aus einem Sitz
im Leben heraus in einen anderen zu bewegen vermögen[86]. Es ist
aber auch die nun freilich sehr fragwürdige Neigung im Spiel,
die dem Text immanente Bewegung in eine Vielzahl von Schüben zu
splitten. Mit dem Effekte, wenn nicht der Zerstückelung, so doch
weitgehender Aufteilung. Sie mag im einzelnen Falle angehen können. Ob sie aber bei Psalmen, zumal bei kleinen, sachgerecht
ist, muß füglich bezweifelt werden. Beim vorliegenden Psalm ist
sie sicher nicht zuzugestehen. Woher sollte auch schon das Recht
für die Behauptung zu nehmen sein, die eine Thematik könne mit
einer anderen, mit einem bestimmten Motiv sich auf gar keinen
Fall verbunden haben, ganz sicherlich nicht in ein und derselben
literarischen Schicht? Wie sollte sich ausschließen lassen, daß

II 259. Allerdings kommt auch hier die Begründung allermeist
zu kurz. Was Anlaß und Rechtfertigung ist für unseren Versuch, eingehender zu argumentieren.

85 LORETZ II 475-477.7-9 und 257-260.

86 Insoweit ganz selbstverständlich einig mit LORETZ II 477.

im Kopfe eines Verfassers Themen und Motive verschiedener Pro-
venienz zusammengedacht und verschmolzen worden sein können?
Warum sollte, was der gedanklichen Arbeit des späteren Ergänzers,
der das vermeintlich Unverträgliche ja dann doch zusammenge-
bracht haben soll, ohne weiteres zugetraut wird, dem Verfasser
der vorigen Schicht unter keinen Umständen zuzugestehen sein?
Beide - nicht allein der Ergänzer, auch der voraufgehende Autor -
könnten ja ähnlich spät und in hinreichend fortgeschrittener
Zeit am Werke gewesen sein. Spät und fortgeschritten genug, um
Themen und Motive verschiedener Herkunft zu einen. Ergo sollte
man nicht so leicht und schnell bei der Hand sein, das Vorhan-
densein einer Krasis von unterschiedlichen Themen und Motiven
zum Anlaß für eine literarkritische Zertrennung zu nehmen. -
Spezieller gesprochen geht es nicht an, die Thematik um "Gerechte" und Nicht-"Gerechte" von der Motivik Jerusalem-Zion
literarkritisch abzutrennen. Man bedenke hier nur, daß Ps 15
Gedanken, die ums "Gerecht"-sein kreisen, im Zusammenhang mit
dem Zion denkt[87]! Warum sollte, was im genannten Gedicht so eng
verwoben ist, in 125 auseinanderzunehmen sein? - Zudem ist strikt
zu bestreiten, daß es Sinn und Berechtigung haben könnte, zwischen dem Motiv des Jahwe Vertrauens und dem jenes Umhegt- und
Geschützt-seins literarkritisch durchzuschneiden. Man betrachte
da nur den Spruch Ps 32,10b "wer Jahwe vertraut, den umhegt er
mit Huld"! So konzis dieser Satz auch ist, so vereinigt er doch
in gekonntem, nicht anfechtbarem Gefüge bṭh bjhwh und sbb. Wer
dürfte, was hier ursprünglich und eng zusammensteht, in 125,1
und 2 zertrennen? Kurzum - wir brechen hier ab -, es ist schön
und gut und im Prinzip auch richtig, daß Texte in der ihnen
eigenen Dynamik "Schichten" anzusetzen vermögen, etwas pauschal
gesagt. Es ist aber nicht schön, nicht gut und nicht richtig,
gewiß nicht im vorliegenden Fall, daß ein so großer Anteil am
kleinen psalmischen Text in vielen Impulsen und Schüben - fast
"konglomeratisch" - zusammengekommen sein sollte. Da sind, wie
an den Beispielen Ps 15 und 32,10b ersichtlich, gedankliche

---

87 Dazu die Untersuchung des Vfs. Weisheitlich-kultische
    Heilsordnung, insbesondere die dortige Ziffer 7.1.

Zusammenhänge, die zu zerstückeln willkürlich ist[88].

Der Gedankengang weist insgesamt Unebenheiten nicht auf: Die Jahwe vertrauen, stehen so dauerhaft fest wie der Zion, v. 1a-1b[89]. Das Volk der Jahwe Vertrauenden ist von diesem seinem Gott so umhegt[90] wie Jerusalem von den Bergen der Umgebung; das Vertrauen der Vertrauenden ist begründet, v. 1a-2b. Ebendarum läßt sich auch zusagen, das Zepter des Frevels, das frevlerische Regiment, bleibe nicht bestehen, v. 3a. Es ende gerade noch rechtzeitig, damit nicht auch noch die "Gerechten" ihr Vertrauen auf Jahwe verlieren und sich mit dem Frevel gemein machen, v. 3b. Eine Bitte für die "Gerechten", v. 4a.4b, und ein Wunsch wider die, die un-"gerecht" sind, v. 5a.5b, flankieren die Zusage und wirken darauf hin, daß, was zugesagt ist, baldigst Wirklichkeit wird. Wo sind da störende Nähte, die vom Messer des Literarkritikers aufgetrennt werden wollen? Läuft nicht vielmehr das Gewebe der Gedanken nahtlos durch? So, daß literarische Integrität ohne Schwierigkeiten anzuerkennen ist[91]? V. 1a-1b (ohne das Wort jšb).2a-2b.3a-5b - das ist ursprünglich zusammenhängender Text! Ihn "Einheit" zu nennen kann weder verfehlt noch verboten sein. Auch ist nicht zu bestreiten, daß der Psalm, so wie er uns heute vorliegt, "erweiterte Einheit" ist, erweitert durch allerlei Zusätze: durch die Überschrift vor 1ab, die Glosse am Ende von 1, den formelhaften Einschub 2c und den monostichischen Schluß 5c. Bei fast allem Hinzugesetzten, am wenigsten bei besagter Glosse, wird sich Zug um Zug erweisen, daß sich jene Bewegung auswirkt, die, dem Text immanent, ebendiesen von einem Verständnis ins andere versetzt, vom ursprünglichen Sitz im Leben in einen anderen, neuen[92].

---

88 Woran auch "kolometrisches" Zählen nichts ändert.

89 Abzüglich jšb.

90 Dieselbe Motiveverbindung wie im mašal Ps 32,10b!

91 Allenfalls mit dem winzigen Vorbehalt, da könnte vielleicht im Bereich von Bitte und Wunsch, am Ende des "Halbverses" 5a, ein zusätzliches "Jahwe" eingefügt worden sein; überflüssigerweise, nachdem es in 4a schon steht. Gewißheit ist schwer zu erlangen. Da die Bezeugung einhellig ist, könnte sich's eher um eine literar- als um eine textkritische Frage handeln. So oder so um eine ganz marginale.

92 Insoweit im prinzipiellen Einklang mit LORETZ II 476f. Was

4
Stilkritik

Unter diesem Aspekt nur das Nötigste. Vorab zum ursprünglichen
Text.

4.1.
Zum primären Bestand

Dieser ist, nach den Satzarten beurteilt, zweigeteilt. Der erste,
v. 1a-2b umfassende Teil wird im Unterschied zum zweiten, mit
v. 3 beginnenden Abschnitt im wesentlichen von Nominalsätzen gebildet. Diese umschreiben Zuständliches: Es ist so, war so und
wird so sein[93], daß, wer immer Jahwe vertraut[94], so gegründet,
nicht wankend, nicht schwankend steht wie die Anhöhe Zion. Es
ist so, war so und wird so sein, daß Jahwe die Seinen schützend
umgibt - so beständig, wie Berge Jerusalem umstehen. Stabile
Zuständlichkeiten, die sich wandelnde Situationen und Wechsel-
fälle der Geschichte "durchstehen". Unerschütterliche Fundamente,
die Halt finden lassen, Halt auf Dauer. Der eingebundene kleine
Verbalsatz, 1b, verwischt den Charakter des zuverlässig Zuständ-
lichen nicht. Er unterstreicht ja auch nur auf seine Weise die
Dauer der Stabilität. - Im anderen, zweiten Teil ist totaliter
aliter stilisiert: in einer Kette von Verbalsätzen mit imperfecta

---

von diesem trennt, sind Bedenken gegenüber Eigenheiten seiner
"textologischen" Praxis, besonders gegenüber der Art, wie
bereits Verschiedenheit von Themen und Motiven zum Anlaß
genommen wird, literarkritisch zu sezieren, II 258-260.
Vorbehalte gegenüber der "kolometrischen" Komponente seiner
"Textologie" wiegen, wenigstens im gegebenen Fall, vergleichsweise weniger schwer.

93 MEYER, Hebräische Grammatik III 9.

94 Nicht sich selbst und eigenen Mitteln; nicht anderen, nicht
Menschen und schon gar nicht denen, die frevelnd Macht inne-
haben.

und imperativa, die künftiges Geschehen umschreiben, die dieses
teils indikativisch zusagen, 3a, teils imperativisch erflehend
oder jussivisch wünschend erwirken, 4a-5b[95]. Es ist so im ganzen
zweiten Teil um künftiges Gotteshandeln zu tun, das die gegen-
wärtige Notlage endet. - Es ist klar, daß der zweite Abschnitt
auf dem ersten basiert: Alles Aussein auf Gott und, was von ihm
her geschieht, gründet im Vertrauen auf ihn, der sein Volk so
beständig umhegt.

Nicht nur die syntaktischen Formen, mit denen stilisiert worden
ist, sind bezeichnend und aufschlußreich. Vielmehr auch die
Stilfiguren[96]. - Hervorstechend die wiederholt gebrauchte Figur
des Vergleichs! Sie ist einmal, in v. 1a, mit der Vergleichs-
partikel k^e bewerkstelligt, das andere Mal, in v. 2a.2b, mit
Waw adaequationis und parataktischem Komparativsatz[97]. Beidemal
werden - zum Behufe der Veranschaulichung - Bilder vor Augen
gestellt, die Glaubenserfahrungen verdeutlichen. Im festgegrün-
deten, nie wankenden Gottesberg Zion wird die festgegründete,
nie ins Wanken geratende Existenz der Gott Vertrauenden anschau-
lich. In den Bergen, die Jerusalem schützend umgeben, tritt in
gewisser Weise die Schutzmacht Jahwes vor Augen, die verläßlich
die Seinen umhegt. Beide Vergleiche sind in der Kontemplation
gewonnen[98], die, was die Existenz des Gottesvolks und der Jahwe
vertrauenden Einzelnen auszeichnet, in Zion-Jerusalem transparent
werden sieht. - Nur einen Augenblick später, in v. 3a, treten
weitere Stilfiguren hervor: die ineinandergreifenden Figuren
Concretum pro abstracto und Symbol[99]. Die Sprache kommt nicht

---

95 Auch 3b bezieht sich auf Künftiges, freilich auf solches,
    das abgewandt werden soll.

96 Zum Folgenden KÖNIG, Stilistik; RIDDERBOS, Die Psalmen.
    Stilistische Verfahren; BÜHLMANN / SCHERER, Stilfiguren
    der Bibel.

97 GESENIUS / KAUTZSCH, Hebräische Grammatik, [26]1896, 494;
    MEYER, Hebräische Grammatik III, [3]1972, 91.100.101.

98 TAYLOR 660; MANNATI / DE SOLMS 146.

99 Vgl. neben BÜHLMANN / SCHERER, Stilfiguren der Bibel 71ff
    ALONSO-SCHÖKEL, Das Alte Testament als literarisches Kunst-
    werk 307ff!

etwa abstrakt auf das Regiment des Frevels, das die Lage so notvoll macht. Sie ist vielmehr - wie bisher so auch jetzt - bestrebt, sinnfällig-anschaulich zu bleiben. Sie stellt, konkret statt abstrakt, das Zepter des Frevels vor Augen, den Stab, der die Herrschaft, die Herrschaftsausübung symbolisiert. Da zeichnet sich - scheinbar jählings - das frevlerische Zepter ab, das drückend, verführend, gefährlich "über dem Los der Gerechten" ist. V. 3a vergewissert, daß, was hier irritierend vor Augen ist, verblassen und verschwinden wird. - Bedenkt man es recht, so ist die Abfolge der bisherigen Bilder in der absichtsvoll anschaulichen Rede so jäh und überraschend nicht: Erst die Anhöhe Zion; das von Bergen umgebene Jerusalem; dann jenes Zepter! Gehört ebendieses nicht nachgerade zu Jerusalem-Zion, von wo aus normalerweise das Zepter ausgereckt wird, wenn es mit rechten Dingen zugeht, das Zepter Jahwes[100]? Es wird unter dem Gesichtswinkel der Stilkritik deutlicher noch als bislang, wie sehr v. 1a-3a zusammengehören. - Verwandte Figuren kommen auch in der folgenden Wendung "über dem (Land-)Los der Gerechten" zum Zug: einerseits Concretum pro abstracto, andererseits Pars pro toto! Denn gewiß geht es nicht bloß darum, daß die Unrechtsherrschaft den Landbesitz der "Gerechten" tangiert. Vielmehr trifft sie ihr ganzes Leben, ihre Existenz in toto. Ihr Landlos, goral, wird pars pro toto erwähnt. Abermals aus dem sichtlichen Bestreben heraus, konkret-anschaulich zu sprechen. - Diese Bestrebung bestimmt auch noch den Halbvers 3b. Dieser sagt ja nicht einfach, es möchte nicht dazu kommen, daß sich auch noch die "Gerechten" aufs Unrecht einstellen. Nein, er lenkt, um das abzuwendende Handeln und Sich-verhalten augenfällig hervortreten zu lassen, synekdochisch und pars pro toto[101] den Blick auf die nach der Bosheit sich austreckenden Hände, meint aber, indem er die Teile fürs Ganze, die Organe für die Organismen vor Augen stellt, die "Gerechten" selbst, sie aber gerade unter dem Aspekt ihres "Handelns". - Dieser Hang zur Veranschaulichung und Verwendung ge-

---

100 Man vgl. nur etwa Ps 110,2!

101 KÖNIG, Stilistik 50ff.59ff;(KAYSER, Das sprachliche Kunstwerk, [17]1976, 112;) BÜHLMANN / SCHERER, Stilfiguren 76f.

eigneter Stilfiguren hält sich bezeichnenderweise bis zum Schluß
des primären Textes durch: Denn natürlich sind auch jene krummen,
gewundenen Wege in v. 5a bezeichnendes Bild. Die hier eingesetzte
Stilfigur der Metapher steht, bekanntermaßen, für nicht gerad-
liniges, "ungerechtes" Handeln und Sich-verhalten. - In summa
kommt überzeugend zutage, daß es dem ursprünglichen Text zur
Gänze eigentümlich ist, in eindringlichen Bildern zu veranschaulichen. Es ist Ausfluß dieser doch wohl auch pädagogischen Tendenz, daß die verzeichneten Stilfiguren samt und sonders "Tropen"
sind, also ein und derselben Klasse entstammen[102]. Wer könnte
nachgerade an der Kohärenz des primären Textes noch zweifeln?
Sie besteht, erwiesenermaßen, keineswegs bloß gedanklich, sondern auch stilistisch[103]. Da ist durchgestaltet, wenigstens in
einer Perspektive der Stilkritik[104]!

Arrondierend ist festzustellen, daß - punktuell und vereinzelt,
nicht durchgängig charakterisierend - auch andersgeartete Stilfiguren mit in Erscheinung treten. Zum einen: deutliche "Leit-
töne"[105], laut werdend im zweimal gesagten haṣṣaddîqîm, v. 3a.3b,
zudem wohl auch im wiederholten sabîb, v. 2a.2b. Es wird so unüberhörbar, daß es dem ursprünglichen Text nicht um jeden in
Israel geht, auch nicht um dieses an sich, sondern besonders und
sondernd um die "Gerechten", die auch als "die Guten", die "geradlinig Gesonnenen", v. 4a.4b, zur Sprache kommen. Ihnen gilt
im Grunde genommen, was mit dem doppelten sabib vergewissernd
ausgesagt wird: daß Jahwe um die Seinen her ist. Zum anderen
könnte als Stilfigur, als eine, wenn nicht der Verhüllung, so
doch der Vermeidung unumwundenen Benennens[106], in Erwägung zu
ziehen sein, daß in der Zusage v. 3a ("... nicht wird bleiben

---

102 BÜHLMANN / SCHERER, Stilfiguren 63-81!

103 Was in der oben vertretenen literarkritischen Sicht der
Dinge natürlich erheblich bestärkt!

104 Zu SEYBOLD, Die Wallfahrtspsalmen 49f.

105 KÖNIG, Stilistik 302/303; BÜHLMANN / SCHERER, Stilfiguren
23; VAN DER PLOEG II 365.

106 BÜHLMANN / SCHERER, Stilfiguren 83ff.

das Zepter des Frevels ...") das eigentlich handelnde Subjekt,
der die Geschichte wirkende Jahwe, unausgesprochen im Hintergrund bleibt - was in zukunftsorientierten Worten des Alten
Testaments so selten nicht ist[107].

Bemerkenswert nicht zuletzt, daß einem anderen Stilmittel, das
für das alttestamentliche Schrifttum und für die Psalmen insonderheit von erheblicher Wichtigkeit ist, geringere Bedeutung
als den Stilfiguren zukommt: nämlich dem Parallelismus membrorum[108]. Begreift man dieses Stilmittel nicht so weit, wie neuerdings propagiert[109], sondern beharrt einstweilen darauf, daß,
solange von Parallelismus membrorum gesprochen wird, auch Sinn-
parallelität der Glieder erkennbar sein muß[110], so findet er
sich lediglich zweimal: in v. 2a.2b zum einen, in v. 4a.4b zum
andern. - Bei v. 1a.1b tritt synthetisierende Zweigliedrigkeit
zutage. Als Parallelismus membrorum im engeren und eigentlichen
Sinn ist diese aber nicht zu werten. Bei v. 5a.5b fällt diese
Einstufung ebenso schwer. Zweigliedrigkeit ist, wenn überhaupt,
dann nur ganz schwach ausgeprägt. Und die Parallelität reicht
nicht weit, nicht weit genug. - Die beiden Sätze, die zwischen
v. 2 und v. 4, wo gesichertermaßen Parallelismus membrorum besteht, sich in einiger Breite erstrecken, weisen - je in sich -
Zäsuren nicht auf[111]. Sie laufen durch und füllen je eine Zeile.

---

107 Man vgl. z.B. noch einmal Gen 49,10! - Kaum nötig klarzu-
     stellen: Antonomasie liegt so wenig vor wie Passivum
     divinum. Wohl aber eine Art der Stilisierung, die tenden-
     ziell nahekommt.

108 ALONSO-SCHÖKEL, Das Alte Testament als literarisches
     Kunstwerk 191ff.

109 In dem von KUGEL vorgelegten höchst beachtlichen Buch The
     Idea of Biblical Poetry. Parallelism and Its History 1-58.

110 Sei es thetisch-synonyme oder thetisch-komplementäre, sei
     es andererseits antithetische. Bei synthetischer Gedanken-
     führung kann von Parallelismus membrorum schwerlich die
     Rede sein. Im Anschluß an SEGERT mündlich. Vergleichenswert
     dessen Aufsatz Parallelism in Ugaritic Poetry, in: JAOS
     103, 1983, 295ff.

111 Auch nicht die "leichte Pause", die für die von KUGEL
     schematisierte Struktur der "parallelistic line" ganz
     unerläßlich ist. Siehe Anm. 109!

Da sie gedanklich sehr eng zusammengehören und für eine "volle Pause" nicht Raum lassen, ist[112] hier, bei v. 3a.3b, zu bemerken, der Sinn springe von einer Zeile in die nächste hinüber, hier erfolge ein "Zeilensprung"[113]. - Aufs Ganze gesehen gliedert sich so der ursprüngliche Text des Psalms in 6 einigermaßen gleich lange Zeilen. Unterstellt man hierbei - erklärtermaßen hypothetisch -, das Wort "Jahwe" sei in der letzten Zeile, in 5a.b, irgendwann hinzugefügt worden, sei es im Laufe der Textweitergabe, sei es zuvor[114], so ergäben sich gar frappierend gleich lange Zeilen. Läßt man sich, um dies darzustellen, für einen Augenblick auf das fragwürdige Verfahren ein, Quantitäten durch Konsonantenzahlen zu umschreiben[115], so zeichnet sich ab: Zahl der Konsonanten

```
in Zeile 1 (v. 1a.1b):   29    (18 + 11)
in Zeile 2 (v. 2a.2b):   29    (16 + 13)
in Zeile 3 (v. 3a)   :   28
in Zeile 4 (v. 3b)   :   29
in Zeile 5 (v. 4a.4b):   29    (16 + 13)
in Zeile 6 (v. 5a.5b):   30
```

---

112 In Anlehnung an KAYSER, Das sprachliche Kunstwerk 90.

113 Enjambement. LORETZ, II 260, spricht von dieser Erscheinung bereits bei v. 5a.5b sowie bei v. 3a, einem dem Sinn und dem Redefluß nach ohne Frage durchlaufenden Satz. Seltsam, daß er diesen in zwei Kola, zwei Stichen, zergliedert. Wohl nicht zuletzt aus "kolometrischen" Gründen. 15+13 Konsonanten sind angenehm; 28 aneinander nicht. In diesem Zusammenhang ist zu fragen, wie es mit dem vielfach belegten "Fünfer mit durchgehendem Satz" gehalten werden soll. BEGRICH, Der Satzstil im Fünfer, 135ff! Warum sollte ihm nicht - relativ zu einem einzelnen Kolon - doppelte Quantität zukommen? Ergo nehmen wir am Umfang der Zeilen 3a und 3b keinen Anstoß. Wir bräuchten auch dann keinen zu nehmen, sollte es sich bei 3a nicht um einen Fünfer, sondern um einen Sechser mit durchgehendem Satze handeln.

114 Siehe Anm. 91!

115 Ohne etwa Rücksicht zu nehmen auf die Frage, wieviele matres lectionis mitgezählt werden.

Mithin ist eklatant, daß der ursprüngliche Text, wiewohl das
Stilmittel des Parallelismus mebrorum als Regulativ nur mäßig
mitgewirkt hat, in bestechendem Gleichmaß gegliedert ist.

Auch regelmäßige rhythmische Gliederung scheint ihm nicht ab-
zugehen[116]. Unter Berücksichtigung der Beziehungen, die zwischen
Rhythmus und Sinn bestehen, könnte die rhythmische Gliederung
so zu symbolisieren sein:

Zeile 1 (v. 1a.1b):   4 + 2 = 6
Zeile 2 (v. 2a.2b):   3 + 3 = 6
Zeile 3 (v. 3a)   :   5 oder 6
Zeile 4 (v. 3b)   :   5
Zeile 5 (v. 4a.4b):   3 + 2 = 5
Zeile 6 (v. 5a.5b):   (3 + 2 =)5[117]

Das Schema scheint widerzuspiegeln, was sich, als wir syntakti-
sche Formen erhoben, ergab: Dort, wo im wesentlichen Nominal-
sätze ausdrücken, welches die Grundlagen sind, auf die rekurriert
werden kann, ergeht sich die Rede in Sechsern, in relativ breiten
Senaren. Dort, wo Verbalsätze sagen, was zur Abwendung der Not
geschehen - oder auch nicht geschehen - soll, dominiert offensichtlich der Fünfer. Es scheint geraten zu sein, hierbei offen
zu lassen, ob, was v. 3a zusagt, als so sicher aufgefaßt ist, daß
es besagten Grundlagen gleichgeordnet und entsprechend als Sechser gesprochen wird. Die Schwierigkeit, zu entscheiden, wie die
Zeile des Umschwungs, v. 3a, rhythmisch gegliedert ist, könnte
insofern nicht zufällig sein. Wie dem auch sei - auch in dieser
Dimension des Textes stellt sich, mindestens aufs große Ganze
gesehen, erstaunliche Regelmäßigkeit heraus.

Alles in allem erscheint es vertretbar, den in mehr als einer
Beziehung recht gleichmäßig stilisierten primären Bestand als
"poetisch" einzustufen. Wird doch völlig zu Recht betont, daß

---

116 Zu den Voraussetzungen, die hier im Spiel sind, ALONSO-
    SCHÖKEL, Das Alte Testament als literarisches Kunstwerk
    77ff.132ff.

117 Wird "Jahwe" als primär verrechnet, ergibt sich (4 + 2 =) 6.

Poesie in formaler Hinsicht auf nichts so sehr beruht wie auf
Regelmäßigkeiten der Gestaltung, mit welchen ein wohlbegrenztes
Maß an Variationen einhergehen kann[118]. Andererseits wird nicht
minder zutreffend festgestellt, daß es gänzlich abwegig ist, mit
Poesie nur rechnen zu wollen, wo Parallelismus membrorum angewandt ist, durchgängig gar und textumfassend. Er kommt zwar im
alttestamentlichen Schrifttum, das als poetisch angesehen wird,
verhältnismäßig häufig vor. Häufig, aber nicht obligatorisch-
durchweg! Andererseits ist er im prosaischen Schrifttum gleich
möglich. Wo immer er zur Anwendung kommt, bewirkt er Nachdrück-
lichkeit und vor allem gehobene Sprache. So muß es uns darum
gehen, zusammenzuschauen und zu würdigen, was an "heightening
effects", an Faktoren, die gehobene Sprache erzeugen, im gegebenen Text zusammenwirkt[119]. Und da kommt nicht wenig zusammen:
Da ist Ebenmaß der Gestaltung in mehreren Dimensionen des Texts.
Ebenmaß mit Variation. Einerseits im Wechsel des Rhythmus von
Sechsern zu Fünfern. Andererseits in der begrenzten Lockerung
der Straffheit der durchgehend gleich langen Zeilen[120]. Da ist
überdies mit vielen Tropen gestaltet. Und zweimal steigert, zu
allem hin, das Stilmittel des Parallelismus membrorum den Pegel
der gehobenen Sprache. Er ist so hoch, daß sicher kein Grund
besteht, dem Primärtext des Psalms poetischen Charakter abzusprechen. Wobei hinzuzubemerken ist, diese gewohnheitsmäßige,
herkömmliche Einstufung trage zum Ergebnis kaum bei. Sie bestär-
ke vielmehr in der fragwürdigen, wenig adäquaten Vorstellung,
es gebe einen einfachen Gegensatz von Prosa und Poesie. Indessen, den gibt es nicht. Was es gibt, ist - mehr oder weniger
gehobene Sprache, je in dem Maß, in welchem hebende Effekte zusammenwirken respektive ganz oder teilweise fehlen. - Was dem
im vorliegenden Fall gegebenen gehobenen Sprachcharakter mit
der Wirkung der Minderung anhängt, sind ein paar schwerfällige
Wendungen, die seit langem und immer wieder vermerkt worden sind[121]

---

118 KUGEL, The Idea of Biblical Poetry 69.

119 Mit KUGEL, The Idea of Biblical Poetry 59-95.

120 KAYSER, Das sprachliche Kunstwerk 90.

121 Beispielsweise von DELITZSCH 747, BAETHGEN 380 und GUNKEL
     549.

und kaum erneuter Erwähnung bedürfen. Sie machen die Individualität unseres Psalmes mit aus.

4.2

Zum sekundären Bestand

Es ist klar und ganz unbestritten, daß auch die sekundären
Stücke des Psalms stilkritischer Würdigung wert sind. Im gegebenen Fall genügen jedoch einige wenige Feststellungen. -
Zunächst einmal die, daß nicht alle Zusätze gehobene Sprache
aufweisen. Gewiß nicht die Überschrift "Wallfahrtslied". Und
natürlich auch nicht die Glosse zwischen v. 1 und 2. Sie ge-
reicht ihrer Natur gemäß dazu, die Regelmäßigkeiten im Eingang
des primären Bestands zu beeinträchtigen. - Andererseits ist
der eingeschobenen Formel, v. 2c, das Gepräge gehobener Sprache
keinesfalls abzusprechen. Nicht nur weil, wie schon früher erwähnt[122], die Formel, jedenfalls in ihrem alttestamentlichen
Vorkommen, ausschließlich "poetische", gehoben stilisierte Kon-
texte hat. Vielmehr auch, weil sie in sich selber entsprechend
gestaltet ist. Sie ist, in ihrer hebräischen Fassung, unüberhörbar klanglich gereimt (durch Alliteration der Anfangsbuch-
staben)[123]. Zudem waltet in ihr die Stilfigur des Merismus[124]. -
Endlich ist auch der Erweiterung v. 5c eine gewisse Gehobenheit
eigen. Bei der Kürze des Stücks ist sie nicht so ganz leicht zu
erweisen. Vielleicht noch am ehesten dadurch, daß auch der andere Beleg dieser Formel, Ps 128,6b, zu einem Kontext gehört, der
gehobene Rede ist. - Im Blick aufs Ganze ist klar, daß alle
Erweiterungsstücke, keineswegs bloß die in v. 1, den in mehr
als einer Beziehung ebenmäßig gegliederten Psalm zerdehnen.
Nach dem Parallelismus membrorum 2a.2b bleibt sichtlich kein
Raum für einen Ausbau zur Dreigliedrigkeit. Ebensowenig nach
dem nur ganz schwach gegliederten, aber jedenfalls füllig breiten

---

122 In Ziffer 3.3 und den Anmerkungen 74.76.

123 ALONSO-SCHÖKEL, Das Alte Testament als literarisches Kunst-
     werk 29.

124 BEYERLIN, Wider die Hybris des Geistes 52.

Satz 5a.5b[125]. - Mithin scheint sich auch stilkritisch gesehen die Richtigkeit unserer literarkritischen Einschätzungen zu erweisen, die voraufgehend - nota bene aus anderen Gründen - vorgenommen worden sind.

---

125 Vergleichenswert MOWINCKEL, Real and apparent Tricola 89.

5
Übersetzung

Nachgerade ist nicht bloß am Tag, was primärer und sekundärer
Bestand ist, sondern auch, wie sich ersterer gliedert. Der Übersetzung des Texts steht nichts mehr im Weg. - Was sekundär ist,
erscheint en petit und, soweit möglich, zum linken Rand hin
versetzt.

1) Wallfahrtslied.
1a)   Die Jahwe vertrauen, sind wie der Zionsberg:
1b)   Er wankt nie.
     Bewohnerschaft von
2a)   Jerusalem - Berge umhegen es.
2b)   Jahwe umhegt so sein Volk.
2c) Von nun an, fortan.
3a)   Fürwahr, nicht wird (lasten) bleiben das Zepter
         des Frevels auf dem Los der Gerechten,
3b)   daß nicht (auch noch) die Gerechten
         zum Unrecht die Hände recken.
4a)   Tue Gutes, Jahwe, den Guten,
4b)   den geradlinig Gesonnenen!
5a)   Doch die krummen Weges abbiegen,
         die lasse er (Jahwe) fahren
5b)   mitsamt den Übeltätern!
5c) Heil über Israel!

6
Traditionskritik

Mit ihrer Hilfe ist noch tiefer in die gedankliche Substanz
unseres Psalms, seines primären und sekundären Bestands, ein-
zudringen; von der Frage geleitet, welche Traditionen -, welche
geprägten geistigen, vorstellungsmäßigen Welten ("Rückräume"),
den Verfasser des primären Gedichts und dessen Bearbeiter an-
geregt und bewegt, bestimmt und beeinflußt haben[126]. Die Frage
ist in einem ersten Durchgang beim ursprünglichen Bestand zu
verfolgen; in zweiter Linie dann auch bei den wichtigsten
Zusätzen.

6.1
Beim primären Bestand

Es sind mehrere Traditionen, die eingewirkt haben und die von-
einander zu unterscheiden sind. Wir spüren zunächst der Einwirkung nach, die, wie es scheint, am breitesten greift.

6.1.1
Weisheitstradition

Auf ihre Fährte bringt - für sich alleine genommen gewiß nicht
zwingend, wohl aber Verdacht erweckend - der Umstand, daß in
dem wahrlich kurzen ursprünglichen Text fünf, wenn nicht sechs,
Vokabeln vorkommen, die auffallend häufig und sichtlich gern,
allerdings mitnichten ausschließlich, im weisheitlichen Schrifttum des Alten Testaments verwendet worden sind. Es ist klar,
daß sie, trotz ihrer Massierung, Weisheitlichkeit nicht bewirken. Es ist aber nicht weniger klar, daß sie symptomatische Anzeichen sein können, hier äußere sich sapientiale Substanz[127]. -

---

126 Siehe etwa BARTH / STECK, Exegese des Alten Testaments,
    § 8, 77ff! Vgl. dazuhin BEYERLIN, Wider die Hybris des
    Geistes 71, besonders auch die dortige Anm. 1!

127 Man vgl. die Vokabel-Listen bei SCOTT, The Way of Wisdom
    121 sowie bei KUNTZ, The Canonical Wisdom Psalms 201!
    Beachtenswert MURPHY, Assumptions and Problems in Old
    Testament Wisdom Research, in: CBQ 29, 1967, 410.

Da ist, gar wiederholt und in Leittonfunktion[128], das Wort
ṣaddîq zu vernehmen. Parallel dazu, höchst bemerkenswerterweise,
jaśar. Verknüpft mit dieser Vokabel noch leb, v. 3-4. So ist
von "Gerechten" die Rede, welche im "Herzen" - besser: im
"Geiste" - "geradlinig" sind[129]. Was den Befund noch bezeichnender macht, ist der augenfällige Umstand, daß kontrastweise
zusätzlich ᶜâwlā und ᵓawaen gebraucht sind; dazuhin, wenn nicht
raśaᶜ, so doch immerhin raeśaᶜ[130]. Den Psalmisten bewegt, daß
besagte Gerechte, Herzensgeradlinige, sich in anfechtender Weise
dem "Unrecht", "Übel" und "Frevel" gegenübersehen. Oder auch
personalisiert: Unrechttuenden, Übeltätern und Frevlern, v. 3-
5b. - Der symptomatischen Wortwahl entspricht eine gedankliche
Substanz, die per se typisch weisheitlich ist[131]:

Da wird - so wie es für sapientiale Psalmen und für Weisheit
allgemeiner kennzeichnend ist - die Handlungs-, die Verhaltens-
weise der Gerechten mit der der Nicht-Gerechten kontrastiert.
Allerdings, unser Text ist zu kurz und zu sehr in der Zusage
eines Wandels der Dinge zentriert, als daß er dies beschreibend-
ausführlich zu tun vermöchte. Er kontrastiert vielmehr nebenbei,
aber doch noch bezeichnend genug: Da sind einerseits die, die
krumme Wege einschlagen, Übel tun und sich übel verhalten, aber
auch, wenn Gott will und dem Wunsch des Psalmisten entspricht,
letzten Endes "dahinfahren", v. 5ab. Da sind andererseits die
ṣaddîqîm, die Gerechten, die Guten, die Geradlinigen, die unter
dem Zepter des Frevels leiden, die wohl auch der Versuchung
unterliegen, sich aufs Unrecht einzustellen, die ihr aber noch
nicht erlegen sind und, so Gott will und die Bitte erhört,
letzten Endes Gutes erfahren, v. 3-4. - Der Kontrast tritt so
scharf zutage, wie das weisheitsspezifisch ist.

Mit der nachgezeichneten Kontrastierung ist aufs engste eine
Überzeugung verbunden, die nicht weisheitsspezifisch, indessen

---

128 Siehe Ziffer 4.1!
129 Vgl. in der Liste nach KUNTZ die Nummern 29.34.50!
130 Vgl. in der nämlichen Liste die Nummern 1.45.56!
131 Zum Folgenden KUNTZ, The Canonical Wisdom Psalms 213f.

nirgends so sehr reflektiert worden ist wie gerade bei Israels
Weisen: die Überzeugung nämlich, daß von gutem oder bösem Tun
je entsprechende Wirkungen auf die Täter selber ausgehen ("Tun-
Ergehen-Entsprechung", "schicksalwirkende Tatsphäre")[132]. Im
gegebenen Psalm spricht sich diese Grundüberzeugung mit aller
Deutlichkeit aus: Es entspräche der Ordnung der Dinge, wider-
führe "den Guten Gutes", denen jedoch, "die krummen Weges abbiegen", daß sie, ereilt von der Wirkung ihres eigenen Tuns,
auf ebendiesem Weg "dahinfahren", will wohl sagen, zugrunde
gehen, v. 4.5. Kommen diese Gedanken just im Zuge jener Kontrastierung zum Tragen, so erweist sich hier zuverlässig, daß
der Psalmdichter in der Überlieferung der Weisheit steht, daß
er aus ihr heraus denkt und dichtet.

Es springt nicht aus den Bahnen dieser Überlieferung heraus,
wenn er zugleich zu erkennen gibt, daß die Verwirklichung der
Entsprechung zwischen Tun und Ergehen verzögert und aufgehalten
ist. Noch ist das Zepter des Frevels im Weg. Noch herrscht Unrecht und droht zu verführen, v. 3. Noch bedarf es der Bitte
und des Wunsches, daß Jahwe die Ordnung der Dinge herstellt,
die Korrespondenz zwischen Tun und Ergehen, die der Ordnung
entspricht, v. 4.5. Der Weisheit ist wohlbewußt, daß der Vollzug dieser Korrespondenz Gott vorbehalten und dem Menschen
nicht verfügbar ist, daß er Sache des Wartens und des Vertrauens auf Gott sein kann[133]. - Was Wunder, wenn der vorliegende
Psalm, der so sichtlich aus der Spannung erwuchs, daß die
Entsprechung zwischen Tun und Ergehen faktisch noch unverwirk-
licht ist, auf Vertrauen abhebt, auf vertrauensvolles Sich-
verlassen auf Jahwe, v. 1! Täte er's nicht, so müßte man das
Werben und Drängen, Vertrauen auf Gott zu bewahren, zwischen
den Zeilen suchen. - Gleichzeitig ist klar, daß der Psalmdichter

---

132 KOCH, Gibt es ein Vergeltungsdogma im Alten Testament?
Ders. (Hg.), Um das Prinzip der Vergeltung; VON RAD,
Weisheit in Israel 165ff.

133 GESE, Lehre und Wirklichkeit in der alten Weisheit 38ff;
VON RAD, Weisheit in Israel 173.

nicht allgemein vom Vertrauen auf Jahwe spricht[134], sondern,
speziell und spezifisch, vom Vertrauen auf den, der, trotz widriger Erfahrungen in Vergangenheit und Gegenwart, Gewähr dafür
ist, daß Tun-Ergehen-Entsprechungen und mit ihnen die von Gott
gewollte Ordnung menschlichen Lebens letzten Endes Wirklichkeit
werden. Dieses Vertrauen liegt erwiesenermaßen[135] vollkommen im
Duktus der Weisheit. So wird noch mehr klar, wie sehr diese
Tradition den ursprünglichen Bestand unseres Psalms bestimmt.

Sie prägt auch diverse Details. So, gleich im Eingang des Texts,
den aktivisch partizipialen Gebrauch von bṭḥ: "Die (auf) Jahwe
vertrauen ..." Dieser ist, wie Konkordanzarbeit zeigt, vor allem
sapiential im Schwang[136]. Beachtenswert der gehäufte Gebrauch in
den Sentenzen der Spruchweisheit: bôṭeᵃḥ "der auf Jahwe vertraut,
wird erquickt", Spr 28,25; bôṭeᵃḥ "der auf Jahwe vertraut, ist
geschützt (ist sicher)", Spr 29,25; bôṭeᵃḥ "der auf Jahwe vertraut, wohl ihm!", Spr 16,20. Zugehörig sind auch die die Kehr-
seite umschreibenden Sprüche: bôṭeᵃḥ "der auf seinen Reichtum
vertraut, kommt zu Fall", Spr 11,28; bôṭeᵃḥ "der (allein) auf
sein Herz (seinen Geist) vertraut, ist ein Tor", Spr 28,26. Zu-
zuordnen ist nicht zuletzt der Weisheitsspruch Ps 49,7, der,
Ps 125,1 noch weitergehend entsprechend, pluralisch partizipial
formuliert: ḥabboṭᵉḥîm "die auf ihr Vermögen vertrauen", sind
furchterregende Menschen. - Daß die Weisen vom Vertrauen mit so
ausgeprägter Vorliebe und Beständigkeit in partizipialen Bildun-
gen sprechen, beruht auf tieferen Gründen: Sie wollen prägnant
und in äußerster Kürze Erfahrungen wahrnehmen und "wahrsprechen",
die allgemein gültig sind; nicht bloß für bestimmte Menschen,
sondern für jeden, der durch das Verhalten und Tun gekennzeichnet
ist, die das verwendete Verb bezeichnet. Es ist just die Form
der partizipialen Bildung, die all dies in einem zu leisten vermag, die "ein Verhalten oder Tun und eine damit charakterisierte

---

134 Was dieses anlangt, so vgl. man VONCK, L'expression de con-
     fiance dans le Psautier 1ff!

135 Man lese etwa VON RAD, Weisheit in Israel 245ff!

136 MANDELKERN, Veteris Testamenti Concordantiae, I, 185.

Person in einem Ausdruck" umfassen kann und so geeignet ist,
das Subjekt im Weisheitsspruch in der erforderlichen Kürze zu
umschreiben[137]. - Der Befund, daß die Weisheit, die Spruchweisheit, in auffallender Frequenz und Konstanz mit Partizipien von
bṭḥ formuliert, ist mithin nicht von ungefähr, sondern ihr gemäß
und typisch für sie. Ergo fügt sich bereits die Gestaltung im
Eingang des Psalms exakt ins gewonnene Bild: in das eines weis-
heitsbestimmten Texts.

Blickt man zurück auf die oben zitierten Sprüche, so wird zudem
klar, daß nicht nur die besondere Gestalt, sondern auch der gedankliche Gehalt - der im gesamten Eröffnungsvers[138] - ausgesprochen weisheitsgeläufig ist: "Der auf Jahwe vertraut, wird
erquickt", " - ist beschützt / ist sicher"; so sehr, daß er
glücklich zu preisen ist, Spr 28,25; 29,25; 16,20. Der nicht
auf Jahwe vertraut, sondern (nur oder vor allem) auf sich, sein
Herz, seinen Geist, seinen Reichtum, " - kommt zu Fall" und erweist sich als "Tor", Spr 11,28; 28,26. Drückt sich hier und in
unserem Psalmvers nicht ein und dieselbe gedankliche Grund-
substanz aus? Wer sich vertrauensvoll auf Jahwe verläßt, kommt
nie ins Wanken, geschweige denn ganz zu Fall, ist existentiell
so gesichert, daß er glücklich zu preisen ist. Es liegt auf der
Hand: die Gedanken im Eingang des Psalms werden[139] auch und
gerade von Weisen bewegt. Nicht ausschließlich, aber besonders
von ihnen[140]. Was der Psalmdichter sagt, geht also[141] übers
sapiential Geläufige nicht hinaus.

---

137 HERMISSON, Studien zur israelitischen Spruchweisheit,
besonders 163.

138 Abgesehen vom Motiv, mit welchem verglichen wird. Dieses
will für sich genommen und erörtert werden.

139 Vom Motiv, mit dem verglichen wird, zunächst einmal abgesehen.

140 So ist im Blick auf Passagen wie Ps 21,8 oder 26,1 präzisierend hinzuzufügen. Wobei zu bedenken sein könnte,
in welchem Verhältnis solcherlei Stellen zur Weisheitsüberlieferung stehen.

141 Abgesehen von dem in Anm. 138f genannten Motiv.

Entsprechendes gilt von der Formel, die 125,1 beschließt: lo²-
jimmôṭ l^ec^Λôlam steht - so oder leicht variiert[142] - fast nur in
weisheitlichen Texten: Ps 15,5c gehört wie 112,6a zum sapienti-
alen Textgut im Psalter[143]; Spr 10,30a, das versteht sich von
selbst, zu Israels Spruchweisheit. Ps 30,7 und 10,6a sind ge-
brochene Reflexe derselben. In summa wird abermals klar, wie
weisheitlich hier formuliert ist.

Dieser Eindruck bestätigt sich beim Verbund der Gedanken in 125,1
und 2. Denn die Folge Partizip von bṭḥ + bjhwh und sodann sbb
"umhegen / schützend umgeben" findet sich, abgesehen vom vorliegenden Text, nur noch einmal: in Ps 32,10, einem anerkannt
weisheitlichen Spruch! Beide Texte sind zu verschieden ausgeprägt, als daß daran gedacht werden könnte, der eine hänge vom
andern literarisch ab. Ergo bleibt nur eine Erklärung: die, der
Verbund jener beiden Motive sei im Kreis der Weisen entstanden,
sei hier vorgegeben gewesen und von dort her in diese beiden
Texte hineingekommen.

Endlich sei noch vor Augen geführt, daß auch der Gedanke, der am
Psalmschluß verlautet, die, die krumme Wege einschlügen, hätten
auf diesen zugrunde zu gehen, nur in einer Sparte des alttestamentlichen Schrifttums wiedervorkommt - ausgerechnet im Buch der
Sprüche, in Sentenzen der Spruchweisheit; dort aber gleich wiederholt und unter konstanter Verwendung der oben erörterten
signifikanten partizipialen Bildung, die nicht nur in 125,1a
das Subjekt umschreibt, sondern auch in 125,5a. In Proverbien
heißt es: "... wer krumme Wege einschlägt[144], wird ertappt[145],

---

142 Angaben im einzelnen bei CULLEY, Oral Formulaic Language
     57f.

143 Zum ersteren der beiden Psalmen: BEYERLIN, Weisheitlich-
     kultische Heilsordnung. Studien zum 15. Psalm.

144 Partizip Pi. von ^cqš. Dazu Baumgartner / Stamm, Hebräisches
     und aramäisches Lexikon, ³1983, 828f.

145 Oder, sollte der Emendationsvorschlag im Apparat von BHS
     das Richtige treffen, "... wird Unheil erfahren", Nif. von
     rcc.

Spr 10,9; "... wer krumme Wege[146] geht[147], fällt ...", Spr 28,18.
Hier läßt sich nur eines folgern: daß auch am Ende des Psalms
nichts anderes als Weisheitsüberlieferung durchschlägt.

So steht als Ergebnis im ganzen, auf vielfache Weise unter-
mauert, ganz unumstößlich fest: Der primäre Bestand unseres
Psalms ist sowohl in der Substanz der Gedanken als auch in Details der Gestaltung ein ausgesprochen sapientialer Text. Der
Einfluß der Weisheitstradition reicht in ihm so tief und weit,
daß es gerechtfertigt und geboten erscheint, ihn den Weisheits-
gedichten im Psalter zuzurechnen[148].

Steht dies fest, so kann nicht mehr zweifelhaft sein, wie die
Figur des Vergleichs einzuschätzen ist, die im Eingang des
Psalms, in v. 1 und 2, gleich zweimal angewandt ist. Sie wird -
ohne Rückgriff auf unseren Text - ohnehin schon seit einiger Zeit
als charakteristisch weisheitliches Mittel erachtet[149]. Was aus
mehreren Gründen einleuchtet: Erstens, weil die Form des Vergleichs in sapientialen Texten des Psalters relativ häufig erscheint, in Ps 1,3.4; 37,2.20; 49,13; 127,4; 131,2[150] u.ö., in
noch auffallenderer Massierung ausgerechnet im Buch der Sprüche,
so in 10,26; 11,22; 12,4.18; 15,19; 25,11-14.18-20.23-26.28 und
ebenso vielfältig in den Kapiteln 26.27[151]. Zweitens und tiefer
gegriffen, weil der veranschaulichende Effekt des Vergleichs dem
pädagogischen Eifer der Weisen dienlich ist und Einsichten ver-
mitteln hilft. Drittens und last but not least, weil Vergleiche
der Neigung der Weisen entsprechen, affine Strukturen in ver-

---

146   Wohl Plural statt Dual!

147   Partizip Nif. von ^{c}qš!

148   Vergleichenswert KUNTZ, The Canonical Wisdom Psalms 186ff.

149   KUNTZ, The Canonical Wisdom Psalms 198f.

150   Zur Weisheitlichkeit dieses Psalmes: BEYERLIN, Wider die
      Hybris des Geistes, besonders 71ff.

151   Ergänzende Angaben etwa bei GEMSER, Sprüche Salomos 95.97.
      Lesenswert auch noch immer DELITZSCH, Das salomonische
      Spruchbuch 9.10.

schiedenen Bereichen der Wirklichkeit zusammenschauend zu erfassen. - Sieht unser Psalmist in v. 1a die, die auf Jahwe vertrauen, und den Zionsberg zusammen, so deshalb, weil er Affines erkennt: Beide, sowohl die, die auf Jahwe vertrauen, als auch jener Berg, sind von Gott gegründet und ebenhierdurch unerschütterlich fest, v. 1b[152]. Schaut er in v. 2a.2b[153] das von Bergen umgebene Jerusalem und Jahwes Volk zusammen, so, weil er auch hier Affines entdeckt: Die Schutzmacht Jahwes umhegt sein Volk und seine Stadt; sie stellt sich in den machtvollen Bergen[154] rings um Jerusalem dar; sie ist hier in gewisser Weise sinnfällig wahrzunehmen. Liegt es, wenn dem so ist, für sapientiales Begreifen nicht nahe, das, was sich so entspricht, vergleichend in eins zu sehen und beim Werben um Vertrauen auf Jahwe und seine schützende Macht von dem auszugehen, was sinnfällig vor Augen ist? - Kurz: es ist offenbar, daß auch die Figur des Vergleichs weisheitlich bedingt und verursacht ist. So bestätigt sich, auch und gar traditionskritisch gesehen, daß die Vergleiche in v. 1 und 2 zum ursprünglichen Bestand gehören. Sie sind als sapientiale Momente integrale Bestandteile des ausgemacht sapientialen Gedichts.

Letztlich ein Punkt, der auch traditions g e s c h i c h t - l i c h Anhalt zu bieten verspricht: Es ist die bereits verhandelte Verve, mit der es nicht etwa um Israel geht, sondern gezielt und mit sonderndem Vorrang um die "Gerechten", die saddîqîm, und die Abwendung der, wie es scheint, akut gewordenen Gefahr, sie könnten der Versuchung erliegen, aufs Unrecht einzuschwenken[155]. Die hier spürbar werdende Bemühung, die Gerechten von Verwicklungen mit dem Unrecht und den Ungerechten frei zu halten und von denen zu scheiden, "die krummen Weges abbiegen", bahnt sich fraglos bereits in der Spruchweisheit an, wie etwa

---

152 Beachtenswert Ps 87,1b und 5b sowie, in nahe verwandter Beziehung, Ps 48,9 und 46,6.

153 Siehe Anm. 72!

154 Vgl. VAN DER LEEUW, Phänomenologie der Religion 41f!

155 Ziffer 3.4!

an Spr 13,20 und 24,1 zu ersehen. Es ist aber unverkennbar, daß
das Ringen um Scheidung und Meidung im Innern des Jahwevolkes
bei den Weisheitslehrern der späteren Zeit intensiver und breiter hervortritt, Spr 1,10-19; 4,14-19[156]. Ähnliches ist aus Ps
1,1 zu schließen, dem Eingang zu einem Text, der zum Spätesten
im Psalter gehört: Er macht, triadisch breit und nachdrücklich,
die Trennung von den unweisen Frevlern zur Grunderfordernis. Die
Texte, die hier ins Feld geführt werden[157], demonstrieren nicht
nur - in kaum noch nötiger Weise -, daß auch dieses besondere,
unseren Psalmtext kennzeichnende Moment sapiential zu deduzieren
ist. Sie zeigen zudem, wie wahrscheinlich es ist, daß der um
Scheidung und Meidung im Inneren besorgte Ps 125 spät entstanden
ist.

6.1.2
Prophetische Tradition[158]

Zukunftsansage, sei sie drohender oder verheißender Art, gilt
als "Hauptaufgabe der Propheten"[159]. Unser Psalm sagt in v. 3a
ohne Frage Zukunft an: "... nicht wird (lasten) bleiben das
Zepter des Frevels ..." Ist nicht folglich anzunehmen, da sei
ein Schuß prophetischer Tradition im weisheitlichen Text ein-
gewoben? Die Bejahung der Frage scheint nahezuliegen. Um so
mehr, als Stileigenheiten[160] weissagender prophetischer Rede
augenscheinlich zutage treten[161]. Da fällt, so wie es Propheten-
art ist, bei der Apostrophierung der Herrschaft des Frevels kein

---

156 PLÖGER, Sprüche Salomos 3ff.15ff.45ff.

157 Beachtung verdiente auch Ps 52 in der vom Vf. entwickelten
     Sicht, Der 52. Psalm. Studien zu seiner Einordnung.

158 Wir sprechen von ihr in dem bei STECK umrissenen Sinn,
     Strömungen theologischer Tradition im Alten Israel 306ff.

159 GUNKEL, Einleitungen. Die Propheten als Schriftsteller und
     Dichter XLVI.

160 Siehe oben in Ziffer 4.1!

161 Man vgl., was GUNKEL zur Charakterisierung des Stils dieser
     Rede vermerkt, Einleitungen. Die Propheten als Schrift-
     steller und Dichter XLVI-XLVII!

56

Name. Stattdessen kommt, nicht minder charakteristischerweise,
ein Bild, ein Symbol (das des Zepters) zur Verwendung; einerseits, wie gesagt, Concretum pro abstracto und eine Art von Veranschaulichung; andererseits aber auch, inmitten der Zukunftsansage, ein Moment der Verhüllung. Da ist - der Seitenblick
drängt sich auf - so wie beim prophetisch geprägten Bileam-
Orakel formuliert: "... es erhebt sich ein Zepter[162] aus Israel
...", Num 24,17[163]. Ist das nicht, alles in allem, Grund genug,
mit punktueller Einwirkung prophetischer Überlieferung zu rechnen?

Indessen - nach wie vor will bedacht und berücksichtigt werden,
daß Zukunftsgewißheit auch aus weisheitlichen Gründen erwachsen
kann. Nach der Erfahrung und Überzeugung der Weisen vollzieht
sich in der Wirklichkeit menschlichen Lebens Tun-Ergehen-Ent-
sprechung. Als von Gott eingestiftete Ordnung. Menschlicherseits
nicht verfügbar und nicht in den Griff zu bekommen. Von Jahwe
vielmehr zu erharren. Auch und gerade dann, wenn der widrige
Anschein anficht[164]. Jene Entsprechung zwischen Tun (Sich-verhalten) und Ergehen wird, von Gott gewollt und herbeigeführt,
letzten Endes zustande kommen, dem Augenschein in Vergangenheit
und Gegenwart zum Trotz. Der Autor des Psalms, der um Vertrauen
auf Jahwe wirbt, um Vertrauen darauf, daß er es vollführt, ist
in dieser Hinsicht selbst gewiß. So sehr, daß er unbedingt den
Vollzug der Entsprechung ansagt.

Gleichwohl erscheint es nicht adäquat, hier von Vertrauens-
äußerung oder zuversichtlichem Bekenntnis zu sprechen. Denn,
was wir vermerkten, bleibt gültig: Die Äußerung des Psalmisten
in v. 3a läßt Stilmerkmale erkennen, die der prophetischen
Weissagung eignen. Also kündigt er zwar aus sapientialer Substanz, tut es aber in prophetischem Stil. Ein Befund, der nicht

---

162 Im hebräischen Grundtext šebaeṭ - wie an der uns inter-
     essierenden Stelle.

163 Zur geheimnisumwittert verhüllenden Stilart siehe auch
     Anm. 106.107!

164 Anm. 133.135! Beachtenswert Ps 37!

halb so schwierig ist, als es prima vista erscheint. Denn: es
fehlt nicht an Anhaltspunkten dafür, daß Weise in fortgeschrittener alttestamentlicher Zeit, während welcher die Prophetie
in den Hintergrund trat, sich "neben oder an Stelle" der Propheten sahen, als ebenso inspiriert verstanden, als so erleuch-
tet und bevollmächtigt wie sie[165]. Andererseits gibt es Grund
zu der Annahme[166], daß der uns interessierende Psalm gerade
dieser späteren Zeit entstammt. Damit wird klar, wie jener Befund zu erklären ist: 125 ist nicht nur aus eigentlicher Weisheit, ihren Erfahrungen und Überzeugungen erwachsen, sondern
auch aus Impulsen und Momenten, die auf prophetische Überlieferung zurückgehen und in der jüngeren alttestamentlichen Weisheit
mit in Erscheinung treten[167].

In summa: eine Einwirkung prophetischer Tradition? Ganz sicherlich ja! Allerdings - eine mittelbare! Nicht eine, die direkt
und erstmalig beim Verfasser unseres Psalmes aufträfe. Vielmehr
eine, die in breiterer Front auf die Weisheit trifft, auf diese
in späterer Zeit, und die in ihr, wenigstens hier und dort, entsprechende Wirkung zeitigt. Eine derart entwickelte Weisheits-

---

165   Vf. verzichtet dieses Mal darauf, Belegtexte vorzuführen
      (abgesehen von Andeutungen in einer Beziehung, Anm. 167).
      Er verweist vielmehr auf frühere Ausführungen, vor allem
      in: Der 52. Psalm. Studien zu seiner Einordnung 78f; er-
      gänzend: Werden und Wesen des 107. Psalms 16. Vergleichens-
      wert nicht zuletzt FOHRER, Das Buch Hiob 450/451; JANSEN,
      Die spätjüdische Psalmendichtung 59f.75ff.145 sowie VON RAD,
      Weisheit in Israel 77ff.376f.

166   Erinnert sei an das vorhin erlangte traditionsgeschichtliche
      Indiz. Anderes, von dem noch die Rede sein muß, deutet in
      dieselbe Richtung.

167   Ps 49 verdient als signifikantes Exempel hervorgehoben zu
      werden: Er ist ein spät entstandenes Weisheitsgedicht. Der
      in ihm spricht, neigt erklärtermaßen sein Ohr einer Inspi-
      ration, einem eingegebenen Spruch, v. 5a. Er ruft, infolge-
      dessen und gar nicht verwunderlicherweise, in der Art der
      Propheten, v. 2. Zu allem hin kommt er aufs Vertrauen zu
      sprechen, einer Verkehrung desselben wehrend, v. 7ff. Also
      ein Text, der traditionskritisch gesehen unserem Psalm an
      die Seite zu rücken ist!

tradition ist sichtlich der Boden, in dem unser Text verwurzelt
und aus dem er erwachsen ist[168].

6.1.3
Landnahmetradition

Der Umstand, daß in v. 3a vom "Landlos der Gerechten" die Rede
ist, vom gôrãl haṣṣãdîqîm, ist kaum ein zureichender Grund für
die Annahme, da habe auch die Überlieferung von der Landnahme,
der Landgabe, in unmittelbarer Weise eingewirkt[169]. Nur indirekt
und aus einiger Ferne hat sie Einfluß gehabt und einen Akzent
setzen lassen. Dieser deutet - mehr en passant - an, das Ergehen
der Gerechten in der Folge ihres Tuns und Lassens verwirkliche
sich nicht freischwebend, sondern auch und gerade auf der Ebene
des durchs Los zugestandenen Teils am verliehenen Land. Keine
Frage: das Verständnis der Teilhabe am Land und der Verteilung
desselben durchs Los, gôral, ist von der Landnahmetradition her
bestimmt gewesen und auf die Länge der Zeit auch geblieben[170].
Insofern ist eine Fernwirkung auch dieser Überlieferung im Spiel.
Präzisierend ist wieder - so wie im vorigen Abschnitt - hinzuzubemerken, die Tradition von der Landgabe habe nicht erst und
unmittelbar den Dichter unseres Psalms beeinflußt, sondern zunächst und breitergreifend die Weisheit. Darauf lassen sehr ausgeprägt deutliche Parallelen zu 125,3a im weisheitlichen Psalm-
gut schließen; vor allem in Ps 37, des weiteren in Ps 25,12.13,
einem sapiential orientierten Element[171]. In bezeichnender Streu-
ung tauchen hier dieselben Gedanken auf: Die Gerechten, ganz
ausdrücklich sie, besitzen das Land, wohnen immerzu in ihm, Ps
37,29. Die Jahwe vertrauen und Gutes tun, sollen folglich das

---

168 Ps 49 und, nicht zu vergessen, Ps 52 mit ihm.

169 Insofern ist nichts auszusetzen an LAUHA, Die Geschichts-
     motive in den alttestamentlichen Psalmen 99ff, auch nicht
     an JASPER, Early Israelite Traditions and the Psalter, in:
     VT 17, 1967, 50ff.

170 Vgl. etwa DE VAUX, Das Alte Testament und seine Lebensord-
     nungen, I, 264ff sowie DALMAN, Arbeit und Sitte, II, 39ff!

171 Vgl. hierzu etwa KRAUS 351!

Land bewohnen, Ps 37,3. Die Nicht-Gerechten, so wird kontrastweise klargestellt, werden aus dem Lande vertilgt, Ps 37,9.10.
Das einzig mögliche Fazit: die genannten Gedanken aus der Landnahmetradition haben zunächst einmal in der Überlieferung der
Weisheit Eingang gefunden. Nach den spät entstandenen akrosti-
chischen Texten Ps 25 und 37 zu urteilen, wahrscheinlich entsprechend spät. Also abermals in der jüngeren Weisheit. In ihren
Bahnen und geleitet durch sie kam unser Psalmist zu der hier
verhandelten Wortwahl, zu der vom "Landlos der Gerechten".

Im Rückblick auf die stilkritische Analyse[172] bleibt schließlich
noch eins zu bemerken: In einem Zusammenhang, der zur Verwendung
von Tropen neigt[173], ist nicht zu bezweifeln, daß der Gerechten
"Landlos" pars pro toto Erwähnung findet. Das Zepter des Frevels, das auf dem Lande lastet, trifft mit diesem zugleich seine
Besitzer, verwehrt ihnen, auf der Lebengrundlage ihrer Fluren
das Ergehen des Heils, das ihrem Tun entspricht, zu erfahren.
Die Erfüllung der Zusage v. 3a entlastet entsprechend nicht nur
die Landlose der Gerechten. Vielmehr auch diese in ihrem ganzen
Ergehen. Ergo ist klar: der Psalmist meint, wenn er vom Landlos
spricht, zugleich das Los der Gerechten überhaupt und total. Er
verwendet das aus der Überlieferung der Weisheit und letztlich
aus der der Landgabe übernommene Wort gôral in einem auch erweiterten Sinn[174].

---

172 In Ziffer 4.1.

173 BÜHLMANN / SCHERER, Stilfiguren der Bibel 63ff.

174 Vergleichenswert der Gebrauch des Synonyms ḥelaeq in Ijob
     31,2.

6.1.4
Jerusalemer Kulttradition, Teil I:
Königstradition[175]

Wirkt nicht auch sie in der eben verhandelten Wendung nach, genauer, im Ausdruck "Zepter des Frevels", šebaeṭ haraešăᶜ[176]?
Mit einem ihrer zentralen Motive scheint sie Ausgangspunkt bei
dieser Formulierung gewesen zu sein. - Nach einem Königspsalm-
text wird das Zepter vom Zion ausgereckt. Das Zepter des davidischen Königs. Soweit, wie Jahwe es will, Ps 110,2. In einem
anderen Königspsalmstück wird ausgedrückt, was das Zepter davidischer Königsherrschaft zu sein hat: "Zepter der Gerechtigkeit", šebaeṭ mîšor, Ps 45,7. Der es in Händen hat, liebt das
Recht, die Gerechtigkeit, haßt andererseits den Frevel, Ps 45,8.
Sein Zepter ist Gegenstück zum šebaeṭ haraešăᶜ, steht zu diesem
im Gegensatz. - Nachgerade ist unwahrscheinlich, daß die Wortwahl "Zepter des Frevels", šebaeṭ haraešăᶜ, in Ps 125,3a getrof-
fen worden sein sollte in Unkenntnis jener Bezeichnung, die dem
idealen Zepter davidischer Herrschaft gilt. Es hat mehr für sich,
daß unser Psalmist, an ihr orientiert, der Auffassung gewesen
ist, das jetzige Regiment sei ein schierer Kontrast zum davidischen Ideal. Es stehe nicht im Zeichen des šebaeṭ mîšor, sei
vielmehr Pervertierung desselben. - So hat es Plausibilität, daß
der in der Weisheit verwurzelte Verfasser unseres Gedichts punktuell auch von der Königstradition bestimmt gewesen ist. - Un-
vereinbar mit seiner Weisheitlichkeit ist ihm dies sicherlich
nicht erschienen. Denn auch in der Weisheitsüberlieferung sind,
ererbt aus staatlicher Zeit, "Königssprüche" erhalten geblieben,
die ein affines Ideal der Königsherrschaft bezeugen, Spr 16,12ff
u.ö.[177]. - Was Wunder, daß dem so ist! Denn schließlich sind
Weisheit und Königtum im Jerusalem der staatlichen Ära aufs

---

175 Mit STECK, Friedensvorstellungen im alten Jerusalem 9ff.
 Ebd. Hinweise auf primäre und sekundäre Literatur. Vgl.
 andererseits auch WILDBERGER, Jesaja 1597!

176 Zur textkritischen Abklärung Ziffer 2.3.

177 Ergänzende Angaben bei GESE, Lehre und Wirklichkeit in der
 alten Weisheit 36.

engste benachbart gewesen! - Dieser Umstand scheint aber im
vorliegenden Fall die Annahme nicht begründen zu können, unser
Psalmist sei via Weisheit zur Formulierung "Zepter des Frevels"
gekommen. Die Anklänge an Ps 45,7.8 bestärken vielmehr in der
Vermutung, eine Reminiszenz an dieses oder ein entsprechendes
Element der Königstradition sei bestimmende Anregung gewesen. -
Natürlich nicht dazu, eine Restitution des Königtums zu erwarten.
Das Zukunftswort 125,3 läßt nicht die Spur einer davidischen
Hoffnung erkennen. Es versteift sich nicht auf eine Angabe, wie
es dazu kommen werde, daß das frevlerische Zepter weicht. Es
beschränkt sich darauf, via negationis zu künden: "nicht wird
(lasten) bleiben ..."

6.1.5
Jerusalemer Kulttradition, Teil II:
Zionstradition

Klar genug ist, daß auch sie ihre Spuren eingedrückt hat. Dort,
wo der Psalm Vergleiche anstellt: in v. 1 und 2. Die Bezugnahmen
auf Zion, der nie ins Wanken gerät, und auf Jerusalem, das umhegt
ist, heben auf zur Zionstradition gehörende Motive ab. Es kann
hier nicht darum gehen, die Gesamtkonzeption, die dieser Überlieferung zugrunde liegt, im einzelnen darzutun. Dies ist anderwärts und schon öfter geschehen[178]. Es genügt hervorzuheben, daß
Zion/Jerusalem als erwählte Wohnstatt Jahwes[179] und hierdurch
als Zentrum kosmischer Ordnung und stabilisierten Lebensraums[180]
so festgemacht sind, daß sie durch nichts und niemals ins Wanken
gebracht werden können, Ps 46.48.76 u.ö. Im erstgenannten Zions-

---

178 Beispielsweise durch HAYES, The Tradition of Zion's In-
     violability, in: JBL 82, 1963, 419ff. Umfassender durch
     STECK, Friedensvorstellungen im alten Jerusalem. Detail-
     liertere Hinweise ebd. Der Vf. selbst ist dem Komplex vor
     kurzem schon einmal nachgegangen, in: Weisheitlich-kulti-
     sche Heilsordnung, in den dortigen Ziffern 7.1.3 und 7.1.4.

179 ROHLAND, Die Bedeutung der Erwählungstraditionen 119ff;
     METZGER, Himmlische und irdische Wohnstatt Jahwes, in:
     UF 2, 1970, 139ff.

180 STECK, Friedensvorstellungen 16-25; CLEMENTS, Temple and
     Land, in: TGUOS 19, 1962, 16-28. Beachtlich auch etwa WRIGHT,
     The Temple in Palestine-Syria, in: BA 7, 1944, 66-77.

lied steht, bezogen auf Jerusalem/Zion, das bündige Wort, weil
Jahwe in ihnen präsent sei, wankten sie nicht, bal-timmot[181],
Ps 46,6. Daß deshalb dort Schutz zu erlangen sei, wird besagter
Psalm zu betonen nicht müde. Bereits hierdurch ist hinlänglich
klar, daß es zentrale Gedanken der Zionsüberlieferung sind, die
auf unseren Psalmdichter einwirkten. - Frappant, daß er nicht
den Versuch unternimmt, sich ihnen zu entziehen. Er läßt sich
vielmehr, wiewohl in der Überlieferung der Weisheit verwurzelt,
von Zion/Jerusalem faszinieren. Er steht da und kontempliert -
und entdeckt Affinitäten zwischen Zion/Jerusalem und dem, was
weisheitliche Einsicht lehrt: Wer auf Jahwe vertraut, genauer,
darauf, daß dieser die Entsprechung zwischen Tun und Ergehen
Widrigem zum Trotz verwirklicht, der ist so fundiert wie Zion,
so umhegt wie Jerusalem; er wankt so wenig wie diese. Der sapientiale Psalmist hat in seinem Erkenntnisstreben und pädagogisch-
didaktischen Eifer keine Berührungsängste gegenüber der so anderen Tradition. Er rezipiert einige ihrer Elemente, um mit ihnen
vergleichend weisheitliche Wahrnehmungen beizubringen. Es geht
ihm mitnichten darum, die Zionstradition zu forcieren. Er setzt
sie nur eben voraus und stellt, wohl zu Recht, in Rechnung, daß
viele von denen, die er anspricht, auf dem Boden derselben stehen oder mit ihren Motiven vertraut sind. Sein Impetus geht darauf aus, auf den Boden der Weisheit zu holen und - in ihrem
Sinn - Vertrauen auf Jahwe zu wecken. Der Verfasser des primären
Texts setzt nicht auf das Heil, das der Jerusalemer Kult er-
schließt. Er wirbt darum, die heile Existenz, die, die nicht
wankt, im weisen Vertrauen auf Gott und die Durchsetzung seiner
der Wirklichkeit eingestifteten Ordnungen zu erwarten und zu
erlangen. Er wirbt nicht nur; er betet und bittet auch darum.

6.1.6
Rückblick und Auswertungen

Allerlei Traditionen sind bei der Abfassung des ursprünglichen
Textes zum Tragen gekommen. Was natürlich und nicht verwunderlich

---

181 Subjekt: die Gottesstadt Jerusalem; im Hebräischen femi-
ninum.

ist. Wer ist sich schon immer - analysierend, sortierend - der
diversen Einwirkungen bewußt, denen er unterliegt? Es liegt im
gegebenen Falle jedoch auf der Hand, welche Überlieferungen mehr
beiläufig einwirken. Zum einen die Zionstradition. Sie ist mit
ihrem Haftpunkt zusammen offensichtlich so nah, daß sie sich
"imponiert". Wenigstens als Möglichkeit, zu veranschaulichen
und zu vergleichen. Eine Berücksichtigung ihrer Substanz findet
nicht im mindesten statt. Zum anderen ist ähnlich beiläufig ein
Element aus der Königstradition. Es fungiert nur als Anregung
für die kritische Wendung "Zepter des Frevels". Substanz auch
aus dieser Überlieferung wird nicht aufgenommen. Der Wortlaut
des Textes läßt nirgends erkennen, davidische Hoffnung beflügle.
Zum dritten wirkt die Überlieferung von der Landgabe ein. Nur
mittelbar und in einem Punkt. Zum vierten prophetische Tradition.
Nicht minder indirekt und auf eine Stelle beschränkt. Gleichwohl
mit einigem Effekt: Der Psalmist sagt charismatisch bevollmächtigt Künftiges an. Im wesentlichen dennoch als Weiser: Im ganzen
und einzelnen ist er von nichts so durchdrungen wie von den Einwirkungen sapientialer Tradition. Auch die Erwähnung der Teilhabe am Land und der Einschlag prophetischer Art gehen auf diese
zurück. Entsprechende Elemente haben als Bestandteile entwickel-
ter, jüngerer Weisheit Wirkung erzielt. So gesehen ist trotz der
Vielzahl involvierter Traditionen klar: der primäre Bestand
unseres Psalms ist im wesentlichen weisheitsbestimmt. 125 ist
der Reihe sapientialer Texte im Psalter zuzurechnen.

Auswertungen bieten sich an: Vorab und vor allem die unter dem
Gesichtspunkt der Frage, wann der primäre Bestand entstanden
sein kann. Selbstredend erst, nachdem bestimmte Entwicklungen
vollzogen waren: So der Rückgang der Prophetie und korrespon-
dierend das Eintreten der Weisen an ihrer Statt unter Übernahme
prophetischer Funktionen und Formen[182]. Anzeichen einer Des-
integration der Prophetie sind nach der frühen Perserzeit wahrzunehmen, in der ersten Hälfte des 5. Jh. v. Chr.[183]. Da es

---

182 Ziffer 6.1.2.

183 Siehe etwa GOTTWALD, A Light to the Nations 437ff; KOCH,
     Die Profeten, II 190f.

seine Zeit gebraucht haben wird, bis sich Weise (und andere[184])
im Vakuum neuorientiert hatten, ist der Stand der Dinge, den
125 voraussetzt, wohl kaum vor der zweiten Hälfte des 5. Jh.
erreicht gewesen. Mithin bleibt schwerlich anderes übrig, als
den Psalm aus der alttestamentlichen Spätzeit, der fortgeschrittenen Perserepoche oder der Ära des Hellenismus herzuleiten. Ps
49, mit dem sich unser Text in mehr als einem Punkte berührt,
wird entsprechend spät datiert. Auch das Weisheitsgedicht Ps 37,
nach dem die auf Jahwe vertrauenden Gerechten das Land besitzen
werden, gilt - im Einklang mit den bisherigen Eindrücken - als
ausgesprochen spät. Nicht zuletzt weist die in unserem Text
lebendige Tendenz, die Gerechten von den andern zu sondern, in
die Spätzeit des Alten Testaments, aus der auch Ps 1 herrührt[185].
Somit deutet etliches in der Substanz des ursprünglichen Bestands
in überzeugender Konvergenz auf den Zeitabschnitt, an den wegen
sprachlicher Eigenheiten[186] ohnehin schon des öfteren gedacht
worden ist. Das Ergebnis ist wohlfundiert, freilich nicht gerade
eng eingrenzend: Der ursprüngliche Text unseres Psalms ist in
der fortgeschrittenen Perserzeit oder in der Ära des Hellenismus
verfaßt worden.

Damit ist auch klar, daß die Formulierung "Zepter des Frevels"
nicht abhebt auf einen davidischen König, sondern auf einen
fremden Herrscher. In den Sog seines Regiments sind schon etliche
in Israel geraten, drohen nach v. 3b gar Gerechte gezogen zu
werden. Unser Psalm wirkt der Gefahr entgegen, weckt in v. 3a
neue Zukunftserwartung. Er zündet sie aus sapientialer Substanz.
Was so ungewöhnlich, wie es zunächst erscheint, bei genauerer
Umschau nicht ist[187].

---

184 Siehe etwa PETERSEN, Late Israelite Prophecy!

185 Siehe oben, am Ende der Ziffer 6.1.1!

186 Anm. 121! "... dieser Ps. einer der jüngsten ..." DELITZSCH
     747 u.a. mit ihm.

187 Der Vf. verweist auf seine Betrachtung zu 131,3, in: Wider
     die Hybris des Geistes 102. Hervorgehoben zu werden ver-
     dient, daß auch Ps 37 eine Öffnung sapientialen Denkens
     "zur Zukunft hin" beobachten läßt. Nicht von ungefähr die
     eschatologische Kommentierung dieses Psalms in 4QpPs 37!
     ALLEGRO, Qumrân Cave 4,43ff.

Noch eine andere Auswertung bietet sich an. Eine unter dem Gesichtswinkel der Verfasserfrage: Nachgerade steht fest, daß,
der den Psalm erschuf, ein Weiser gewesen ist. Bot sich ihm,
als er verglich und veranschaulichte, nichts mehr als Jerusalem/
Zion an, so spricht dies dafür, er habe sich, als er verfaßte,
im Weichbild derselben befunden. Eine Annahme, die sich auch
sonst nahelegt. Denn der Traditionsstrom der Weisheit ist, auch
in der Ära nach dem Exil, hauptsächlich und mehr als sonstwo im
Jerusalemer Bereich geflossen. In geistiger Nachbarschaft zum
zweiten Tempel[188]. Verfasser ist also ein Weiser aus der Jerusalemer Region der alttestamentlichen Spätzeit gewesen. Womit
einerseits viel und andererseits wenig gesagt ist. In sozialer,
soziologischer Hinsicht ist jedenfalls nichts ausgemacht - und
wohl auch nichts zu ermitteln. Denn dem Eindruck ist Rechnung
zu tragen, daß die Einstufung "Weiser" keine Zuordnung zu einem
Berufsstand ist[189]. Schließlich fehlt es an Anhaltspunkten, die
anzunehmen erlaubten, unser Autor sei Weisheitslehrer gewesen[190].
Allenfalls allgemein, nicht im berufsständischen Sinn, könnte er
Lehrer genannt werden. Denn soviel läßt der Text wohl erkennen:
daß da einer, auf Grund besseren Wissens und tieferer Weisheit,
andere belehrt. Auch, nicht etwa ausschließlich.

Dieses zu Verfasserfrage und Zeitansatz! Es ließ sich, einleuch-
tenderweise, am besten und rationellsten im Anschluß an die
Traditionskritik sagen. - Über den Auswertungen dieser Art ist
allerdings nicht zu vergessen, daß es noch abschließender tradi-
tionskritischer Erhebungen bedarf:

---

188 STECK, Strömungen theologischer Tradition im Alten Israel
     311.

189 WHYBRAY, The Intellectual Tradition in the Old Testament
     1-54.

190 Vgl. mit den Überlegungen des Vfs. in: Wider die Hybris
     des Geistes 83f. Zur Erörterung der Frage, von wann ab mit
     Schulen zu rechnen ist, vgl. man die letzten Stellungnahmen,
     einerseits GOLKA, Die israelitische Weisheitsschule oder
     "des Kaisers neue Kleider", in: VT 33, 1983, 257ff, anderer-
     seits LEMAIRE, Sagesse et écoles, in: VT 34, 1984, 270ff!

6.2

Beim sekundären Bestand

Es hat nicht viel Sinn, die Glosse jošeb zwischen v. 1 und 2[191] traditionskritisch auszuloten. Die Explikation, nicht Jerusalem, nein, die Bewohnerschaft der genannten Stadt sei umhegt, geht sicherlich nicht über den Horizont der Zionstradition hinaus, hat aber doch weniger mit dieser als mit der Pedanterie des Glossators zu tun.

Was die eingefügte Formel "von nun an, fortan", v. 2c, anbelangt, so geht es nicht an, sie als Sondergut einer einzigen Tradition zu bewerten[192]. Wohl deuten ein paar Belege - vor allem Ps 115,18 und Mi 4,7 - darauf hin, daß die Stereotype in der Jerusalemer Kultsprache geläufig geworden sein muß[193]. So wäre immerhin klar, daß auch diese Erweiterung vom Jerusalemer Kult, genauer, von der in ihm gängigen Sprache unschwer ableitbar ist. - Mi 4,7b und Ps 121,8 lassen zudem den Gedanken aufkommen, die Versicherung "von nun an, fortan" sei gerade auch dann abgegeben worden, wenn es sich um Inschutznahme drehte[194]. Dies würde zur Erklärung gereichen, wie es zu der Einfügung kam, die dem Gedanken, von Jahwe beschützt zu sein, zusätzlichen Nachdruck beilegte.

Was die am Schluß angefügte Wendung šalôm ʿal-jisraʾel, v. 5c, betrifft[195], so braucht nicht erst lange ermittelt zu werden, zu welcher Tradition sie gehört: Sie nimmt auf die Institution der priesterlichen Segnung [196] Bezug. In der Spätphase der alt-

---

191 Ziffer 2.2; 3.2!

192 Anm. 74.76!

193 Zum letztgenannten Element siehe WOLFF, Dodekapropheton.
      Micha 86.90.96!

194 Auch in diesem Zusammenhang noch einmal WOLFF, Dodeka-
      propheton. Micha 96.

195 Ziffer 3.4!

196 WESTERMANN, Der Segen in der Bibel 45ff; WEHMEIER, Der
      Segen im Alten Testament 216f; SEYBOLD, Der aaronitische
      Segen 55ff.

testamentlichen Zeit, an die hier gedacht werden muß, kann nur die Segnung anvisiert sein, die im Kult auf dem Zion geschieht. Die, die durch Priesterwort und -handlung von der Stätte vor dem Altar[197] und vom Hause Jahwes her[198] der gottesdienstlichen Gemeinde im Vorhof des Tempels zuteil wird. Aufschluß und Anschauung vermittelt Ps 118,26: "Gesegnet, wer einzieht, in Jahwes Namen! Wir (die amtierenden Priester) segnen euch (die im Vorhof Versammelten) von Jahwes Hause her."

Es ist nicht schwer zu erweisen, daß der Akt solcher Segnung šalôm zu verwirklichen hatte. Der Wortlaut des aaronitischen Segens, Num 6,24-26, der im nachexilischen Kult auf dem Zion gebräuchlich geworden sein wird, will - zusammen mit Schutzgewährung und Gnadenerweis - vor allem šalôm bewirken, šalôm über die Israelsöhne, šalôm ᶜal-jiśraʾel, Num 6,26f[199]. Es ist überhaupt keine Frage - das Schlußwort im Anhang unseres Psalms lenkt den Blick auf nichts anderes als den Akt der Segnung im Jerusalemer Heiligtumskult, der im wesentlichen šalôm-Setzung wollte und entsprechend im Wort und in der Sache šalôm Schwerpunkt und Klimax hatte[200]. Die so nachdrückliche Erwähnung des zugewandten, leuchtenden Jahwe-Antlitzes, Num 6,25f, läßt bei alledem deutlich werden, daß die šalôm-setzende Segnung als Wirkung der Zuwendung und Gegenwart Jahwes gilt, als Folge der den Kult auf dem Zion entscheidend ermöglichenden Theophanie[201].

---

197 Siehe (Lev 9,22;) 1Kön 8,54ff sowie WEHMEIER, Der Segen im Alten Testament 216f!

198 HARAN, Priestertum, Tempeldienst und Gebet 143f.

199 SEYBOLD, Der aaronitische Segen. Insbesondere beachtenswert 19ff.23.39f.43f.50.63.65.67f.

200 Vergleichenswert auch Ps 24,3.5; 128,5.6; 134,3.

201 Vergleichenswert MOWINCKEL, Religion und Kultus 52ff; CLEMENTS, God and Temple. The Idea of the Divine Presence in Ancient Israel, insbesondere 63-76, nicht zuletzt auch des Vfs. Hinweise auf den Zusammenhang zwischen Jahwes panîm und der kultischen Theophanie, in: Herkunft und Geschichte der ältesten Sinaitraditionen 119ff, dazuhin DURHAM, šalôm and the Presence of God, in: FS DAVIES 272-293.

So wird klar: die Hinzufügung 125,5c hebt auf die Segnung und
mithin auf die kultische Theophanie ab, auf das Herzstück und
zentrale Geschehen im Zionsfestkult. Die Zugehörigkeit zur Zionstradition könnte intensiver überhaupt nicht sein.

Es bedarf kaum noch der Erwähnung, kann freilich auch nicht ganz
übergangen werden, daß šalôm, schon seit vorisraelitischen Zei-
ten, speziell mit Jerusalem zu tun hatte[202]. Schließlich verlautet das Wort, einigermaßen unüberhörbar, im Namen der heiligen
Stadt. Ein Umstand, der durchaus bewußt sein konnte, wie an den
Wortspielen zu sehen, die Ps 122,6-8 anstellt: šalôm, der umfassende Zustand unversehrten Wohlergehens, geht gerade und ganz
speziell von Jerusalem-Zion aus[203]. Nachgerade ist eklatant: der
sekundäre Schluß unseres Psalms bezieht sich auf die Zionstradition, sogar auf ihren zentralsten Bestand.

Was endlich die Überschrift anlangt, die Kennzeichnung "Wallfahrtslied"[204], so genügt die Explikation, gemeint sei, im vorliegenden Falle wie bei jedem Text in der Sammlung Ps 120-134,
ein Zionswallfahrtslied. Der Vermerk ordnet dem Zionstraditions-
bereich zu. Er ist, in dieser Funktion, ganz selbstverständlich
ein Überlieferungselement desselben.

So läßt sich zusammenfassen: Was wesentlich ist am sekundären
Bestand, resultiert aus der Zionstradition und verklammert mit
ihr. Die Formel "von nun an, fortan" ist dem Repertoire ihrer
geprägten Sprache entnommen, wiewohl sie verbreiteter gebraucht
worden ist. Wichtiger noch: die Überschrift zeigt, der folgende
Text sei auf Zionswallfahrten verwendungsgeeignet; nicht nur das -

---

202 Siehe JOHNSON, Sacral Kingship in Ancient Israel 46; PORTE-
     OUS, Jerusalem-Zion: the Growth of a Symbol, in: Living the
     Mystery 97ff; STOLZ, Strukturen und Figuren im Kult von
     Jerusalem 204ff.216ff; STECK, Friedensvorstellungen im
     alten Jerusalem 26f, nicht zuletzt etwa auch GRAF REVENTLOW,
     Friedensverheißungen im Alten und im Neuen Testament, I, 103f

203 Vgl. etwa auch noch Ps 72,1.3.7!

204 Ziffer 3.1!

auch zugelassen und anempfohlen. Die Wendung am Schluß rückt den
Kultakt der Segnung, Klimax im Geschehen auf Zion, in den Blick-
punkt der Aufmerksamkeit. Anfang und Schluß stellen einen von
Haus aus sapientialen Psalm in zionskultische und -theologische
Bezüge.

Um auch hier die "Verfasserfrage" mit zu beantworten: die Bei-
träger des Sekundären sind, natürlich entsprechend spätnachexi-
lisch, im Zionstraditionskreis zu suchen. - Wahrscheinlich wird
sein, daß es deren mehrere waren. Denn die Glosse jošeb, v. 1/
v. 2, läßt in der ihr eigenen Art auf einen anderen Urheber
schließen als der superskribierte Sammlungsvermerk. Die Bezugnahme auf den Akt der Segnung kehrt in den Texten der Sammlung
nicht annähernd so mechanisch und gleichförmig wieder wie besagter Vermerk. Also wird sie auch schwerlich von ein und derselben
Hand stammen. Ob der Einschub der Formel, v. 2c, mit der Segnungs-
bezugnahme, v. 5c, zusammengehört, ist schwer zu entscheiden[205].
Wie immer - es sind mehrere, die erweiterten! Da dem so ist,
scheint es tunlich zu sein, die zutage tretenden Ansätze redak-
tionskritisch auszuziehen.

---

205 Der aaronitische Segen, der šalôm-Setzung und Schutzgewäh-
     rung verbindet, Num 6,24.26, könnte zu erwägen geben, ob
     nicht, der šalôm erwähnte, zugleich die Gedanken der In-
     schutznahme durch Jahwe, 125,2a.2b, zu unterstreichen für
     notwendig hielt. Vgl. Ps 121,7.8! Sicheres läßt sich nicht
     sagen! Bedenkenswert immerhin auch 1Chr 17,27 und z.St.
     HORST, Segen und Segenshandlungen in der Bibel 193.

7

Redaktionskritik

Das Kennwort "Wallfahrtslied"[206] fixiert den von Hause aus weisheitlichen Psalm in der Zuordnung zum Zionsfestkult. Es gibt zu
erkennen, er habe hier, in Vorstadien zu diesem, beim Vollzuge
der Wallfahrt zum Zion, Aufgaben zu erfüllen. - Dieser Sachverhalt muß nicht bedeuten, der Psalm sei durch diese Indienstnahme
seiner ursprünglichen Verwendung entzogen worden. Die Möglichkeit läßt sich nicht ausschließen, der Primärtext des Psalmes
könnte, unberührt durch die neue Verwendung, zugleich in der
originären Weise weitergebraucht worden sein; von da an also
dual, in zwei verschiedenen Kontexten[207].

Es ist nicht wahrscheinlich, daß die Verpflanzung in den neuen
Horizont erst durch die Redaktion erfolgte, die den Sammlungsvermerk davorschrieb. Vielmehr dürfte diese nur noch besiegelt
und, nicht zu vergessen, angezeigt haben, was sich voraufgehend
eingebürgert hatte: die Praxis nämlich, 125 mit Bezug und im
Blick auf den Zionskult zum Zuge kommen zu lassen. Im Zusammenhang mit der Entstehung dieser Praxis ist der Passus v. 5c hinzugefügt worden. Als Brückenschlag sozusagen zu dem šalôm-setzenden Akt der Segnung, der zusammen mit der Theophanie, welche
diesen ermöglicht, Herzstück des Festkultes war.

Was hat zu der Praxis, unseren Psalm so zu nützen, geführt?
Wie es scheint, so ungefähr dasselbe Empfinden, das auch schon
Anstoß gewesen ist für die Schaffung des primären Bestandes:
das Empfinden, es klaffe zwischen dem Kulterleben und der akultischen, alltäglichen Wirklichkeitserfahrung ein Hiatus. Wo
blieb denn im Alltag des Lebens die šalôm-Wirkung kultischen
Segnens? War da nicht - Kult hin oder her! - "das Zepter des
Frevels" bestimmend, so lange schon und so sehr, daß es immer
mehr in seinen Bann schlug, daß es selbst bis dahin Gerechte

---

206 Anm. 68!

207 Vgl. des Vfs. Erwägung in: Werden und Wesen des 107. Psalms
     97ff!

zu versuchen begann? War nicht das Medium Kultus dabei, in
einem Grade fragwürdig zu werden, daß es neuer Vergewisserung
bedurfte, solcher außerkultischer Art?

Es scheint, daß unser Psalm - er selbst, sein primärer Bestand,
und nicht etwa erst die Redaktion - aus der Spannung dieser
Fragen erwuchs; "nachkultisch" sozusagen[208]; aus einem nicht
mehr kultischen, im gegebenen Falle weisheitlichen Zusammenhang.
Abseits vom Kult und unabhängig von ihm hat ein Weiser den Versuch unternommen, die Verunsicherung abzubauen, die im Wider-
streit der Erfahrungen sich aufgetürmt hatte. Er deduzierte,
wie gesagt, aus der weisheitlichen Grundüberzeugung, es müsse
und werde, der von Gott eingestifteten Ordnung der Dinge gemäß,
zur Entsprechung von Tun und Ergehen kommen. Es gelte, in diesem
Sinn auf Jahwe zu bauen. Wer ihm vertraue, der sei schon und
bleibe, trotz widriger Erfahrungen, so stabil wie der Zion da-
stehe, im Heil, v.1a.1b. Der sapientiale Psalmist ist quasi-pro-
phetisch gewiß, weiß sich zum vergewissernden Zuspruch ermäch-
tigt: Was irritiert -, was anficht und versucht, wird nicht
bleiben, v. 3a.3b. Vertrauen und Gewißheit schließen nicht aus,
die Verwirklichung des Heils, besagter Korrespondenz zwischen
Tun und Ergehen, mit Bitte und Wunsch zu erflehen, v. 4a-5b.
Hier wird alles, was akultisch möglich erscheint, zum Versuch
gebündelt, jenen Hiatus zu überwinden.

Um nachgerade zu den Redaktionen zurückzukommen: es scheint, daß
in der Folge im Kreis der Kultfunktionäre auf Zion die Einsicht
herangereift ist, es könnte auch für den Festkult selbst am
dienlichsten sein, den Hiatus zwischen kultischem Erleben und
akultischer, alltäglicher Erfahrung ernstzunehmen und ihm -
auch vom Zionskult her - entgegenzuwirken. Ganz einfach so, daß
man sich den um Vergewisserung bemühten Psalm zu eigen machte.
Warum sollte sich die - sozusagen von der anderen Seite - von
der Weisheit ausgehende Bemühung nicht nutzen lassen, um die
Bereitschaft und Fähigkeit zu echterer Akzeptanz des Festkults
und seiner Segnung zu verbessern oder neu zu erwecken? Wer sich

---

208 STOLZ, Psalmen im nachkultischen Raum, 9ff.18ff.

durch 125 zum Vertrauen auf Jahwe bewegen und vergewissern ließ,
was da im Alltag störe, werde beseitigt, mußte ja disponierter
werden, auch wieder das vom Kult vermittelte Heil wahrzunehmen.
Überlegungen solcher Art - im Verein mit einer gewissen Aufge-
schlossenheit für Weisheitlichkeit[209] - dürften die Redaktionen
im vorliegenden Falle bestimmt haben. Wie könnte es anders sein,
als daß weisheitsfreundliche Kräfte am Tempel zur Geltung gebracht haben, unser Psalm sei als Hilfe zur Disponierung für
die Festkultteilnahme geeignet, ja, gar anzuempfehlen?

Kann es nicht auch plausibel erscheinen, irgendeiner der so
Eingestellten habe, um die Akzeptanz des kultisch vermittelten
Heils zu fördern, auch die überkommene Überzeugung unterstrichen,
Jahwe umhege Jerusalem und schütze sein Volk? Fürwahr, er tut's!
"Von nun an, fortan", v. 2c! Wie sollte, wenn dem so ist, das
die Glaubwürdigkeit des Kults strapazierende "Zepter des Frevels"
dauern können?

Alles in allem ist festzustellen: Der Primärtext unseres Psalms,
vom Verfasser erschaffen, um dort, wo der Festkult im Stich ließ,
zu vergewissern, ist von Redaktoren umfunktioniert worden. Unter
Belassung und Nutzung der ihm eigenen Vergewisserungstendenz.
Indes - was er bis dato vikariierend, anstelle des Festkults,
erstrebte, das sollte er nunmehr subsidiär, dem Festkult zugut,
erbringen. Zum Behuf der Wiederherstellung des Zutrauens zu
diesem und der in ihm wichtigen Institution der šalôm-setzenden
Segnung. Die außerhalb des Kults ergriffene Initiative wird
innerhalb des Kults zu seiner Stützung aufgegriffen und amtlich
autorisiert und forciert[210].

---

209 Zur Frage der Verträglichkeit von Zions- und Weisheits-
    überlieferung siehe ergänzend des Verfassers Betrachtungen
    in: Weisheitlich-kultische Heilsordnung. Studien zum 15.
    Psalm, Ziffer 7.1.4!

210 Hierbei war der Umstand, daß der primäre Text die "Gerech-
    ten" von den anderen zu sondern tendierte, kein Hindernis.
    Schließlich war auch im Festkult nicht jeder genehm. Der
    Psalm hätte freilich, in seinem sekundären Gebrauch, eine
    Prädisponierung zum Kult mit einem neuen Maßstab betrieben,
    der, verglichen mit nur rituellen Vorbedingungen, eine be-
    trächtliche Vertiefung bedeutete.

8

Gattungskritik

Nach allem ist klar, wie abwegig es ist, den primären Bestand
als Klage- oder Vertrauenslied des Volks zu bestimmen[211]. Ein-
stufungen dieser Art verallgemeinern einzelne Momente des
Psalmtexts - sichtlich aus dem Bemühen heraus, im Rahmen alt-
überkommener, konventioneller Klassifikationen zurechtzukommen.
Orientiert am Raster herkömmlicher Gattungen erscheint nur die
Annahme möglich, da hätten sich diverse Elemente derselben zu
einem "Mischgedicht" zusammengefügt: weisheitliche Lehrdichtung
zum einen, prophetische Verheißung zum andern, sowie Bitte und
Wunsch aus der Volksklagegattung zum dritten[212]. Die Feststellung
einer solchen Mischung mutet als Ergebnis an, besagt aber im
Grunde wenig. Am ehesten wohl noch dies, daß etliche der genannten Elemente von den ursprünglichen konkreten Situationen der
jeweiligen Gattungen sich losgelöst haben müssen[213]. In der Folge
wird gern und häufig von kultfreier, geistlicher Dichtung gesprochen[214]. Das signalisiert eine neue Art Psalm, gibt aber
zugleich zu erkennen, eine Gattungsbestimmung im eigentlichen
Sinn sei nun unmöglich geworden. Was weitestgehend den Verzicht
bedeutet, im gattungsgemischten Text Allgemeines-Typisches aus-
zumachen, das in mehr besteht als im "geistlichen" Charakter, -
was immer hierunter zu verstehen sein mag.

Angesichts dieses Verzichts verdient - im gegebenen Fall - ein
Versuch beachtet zu werden, der jüngst publiziert worden ist[215]:
Es ist wohlangebracht, auch beim gattungsgemischten Psalm zu
erkunden, ob er nicht, dem von   e i n e r   Gattung bestimmten
Text entsprechend, in typischer Weise zum Gebrauch gekommen sein

---

211 Siehe Ziffer 1, im besonderen Anm. 22!

212 Siehe Anm. 27!

213 Mit GUNKEL / BEGRICH, Einleitung in die Psalmen 398.

214 So schon bei GUNKEL / BEGRICH, a.a.O. Siehe überdies etwa
     Anm. 25!

215 Von STOLZ, Psalmen im nachkultischen Raum 21ff.24ff.

könnte: im Gegenüber zu Adressaten, nicht einsam "im Kämmerlein";
mit einer typischen Intention und Funktion sowie in einer typischen Lage. - Nach den Abklärungen im vorigen Kapitel[216] ist
klar, daß bei Ps 125 - sowohl in seiner primären als auch in
seiner sekundären Fassung - die genannten Bedingungen erfüllt
sind: Er ist "Vergewisserungspsalm"[217]. Ein Psalm, der in der
durch die Krise des Kultes bestimmten und insofern typischen
Lage verunsicherte Adressaten des Heils und der Gerechtigkeit
Jahwes zu vergewissern versucht. Dies - so ist zu ergänzen! -
in einer das Ganze umfassenden, alles durchwaltenden durchaus
typischen Form: in der der Rede[218]! Diese ist eine "vom Redenden
als in der Beziehung zur Situation abgeschlossen gemeinte Arti-
kulation ... mit der Intention ... der Änderung dieser Situation." Sie nimmt Einfluß auf den, der der Situation mächtig ist.
Sie ist dabei nicht durch ihre Länge bestimmt. Vielmehr "durch
die vom Redenden gewollte ... Ganzheit", "durch die Meinung des
Redenden am Schluß der Rede, alles in der Situation redend Mögliche oder Zweckentsprechende zur Änderung der Situation getan
zu haben"[219]. Ist nicht alles dies, was Rede ausmacht, in dem
uns vorliegenden Psalm gegeben?

Bezugnahme auf die Situation, in welcher "das Zepter des Frevels"
regiert und den Kult auf dem Zion und seinen Anspruch, šalôm zu
bewirken, desavouiert und so verunsichert und verführt, nachgerade gar die "Gerechten". Der Psalm intendiert die Änderung
dieser Situation. Er sucht einzuwirken auf den, der der Situation
mächtig ist: auf den die Geschichte wirkenden und lenkenden alttestamentlichen Gott. Der Psalm kann dieses nur flehentlich: in

---

216 Unter Ziffer 7, Redaktionskritik.

217 STOLZ, Psalmen im nachkultischen Raum 28.

218 Von einem Lied zu sprechen, ist einigermaßen voreingenommen.
     Wenigstens, was den primären Bestand des Psalms anbelangt. -
     Es ist dringlich und an der Zeit, in die Analyse einzube-
     ziehen, was Rede konstituiert. In Anlehnung an LAUSBERG,
     Elemente der literarischen Rhetorik, [8]1984, 15ff. Selbst-
     verständlich ist, daß der alttestamentliche Stoff gewisse
     Adaptionen erfordert.

219 LAUSBERG, Elemente der literarischen Rhetorik, 15.16.

den Gebetsformen Bitte und Wunsch, v. 4a-5b. Er kann es äußer-
stenfalls, indem er die Ordnung ins Bewußtsein erhebt, welche
Jahwe selbst im Ablauf der Dinge will, die Ordnung der Entsprechung von Tun und Ergehen, v. 4a-5b. Bei alledem ist klar:
Gottes Gottheit begrenzt die Möglichkeiten, auf den "Situations-
mächtigen" Einfluß zu nehmen. Er begrenzt sie - positiv - dadurch, daß er die Änderung der Situation bei sich selbst schon
beschlossen hat. Im Wissen darum kann der Redende Zukunftsansage einsetzen, v. 3a. Er gebraucht auch sie, um Situations-
änderung zu befördern. Dieses Mal von den menschlichen Adressaten seiner Rede her. Soviel da an ihnen liegt. Gelingt's dem
Psalmisten, sie zu bewegen, ihr Vertrauen auf Jahwe, auf die
Ordnung der Entsprechung von Tun und Ergehen zu setzen, so
ändert sich die Lage von innen her - unter Vorwegnahme einer
Änderung im Äußeren: Wo Verunsicherung herrschte, kommt Vergewisserung zustande. Wer von Zukunftsansage und weisheitlicher
Einsicht bewegt Vertrauen wagt, ist antizipando bereits im Heil,
in so dauernder Stabilität, wie sie im Zion vor Augen steht, v.
1a.1b. - Läßt sich somit nicht sagen, der Verfasser des Psalms
habe alles, was der Absicht der Änderung der inneren und äußeren
Lage entgegenkam, so eingesetzt, daß er füglich der Meinung
sein konnte, das "redend Mögliche oder Zweckentsprechende zur
Änderung der Situation getan zu haben"? Ist es ergo nicht angebracht, unseren Psalm als Rede zu bestimmen, im Blick auf
besagte Absicht als "Vergewisserungsrede"? Findet nicht bei
dieser Art Gattungsbestimmung die ungewohnt neue Verbindung von
Elementen aus verschiedenen altherkömmlichen Gattungen eine
runde, überzeugende Erklärung?

Des weiteren empfiehlt sich die Annahme, unser Psalm sei nicht
"Verbrauchs-", sondern "Wiedergebrauchsrede" gewesen[220]; m.a.W.
ein Text, der von vorneherein nicht zum bloß einmaligen Ge-
brauche verfaßt war. Wie hätte sich auch bei der Art der Problemlage, durch die er verursacht ist, seine Absicht - die der
Vergewisserung - in einer einzigen Rezitation erledigen lassen?

---

220 Noch einmal im Anschluß an LAUSBERG, Elemente der litera-
    rischen Rhetorik 16f.

Ist es nicht schwer vorstellbar, die Verheißung, das Zepter des
Frevels werde nicht bleiben, habe sich alsobald, von heute auf
morgen erfüllt? Ist die Wahrscheinlichkeit, es habe eines länge-
ren Atems bedurft, nicht größer? Die Annahme hat mehr für sich,
das Moment der Verheißung und die ganze Vergewisserungsrede hätten öfter geltend gemacht werden müssen, in andauernder, anhal-
tender Anstrengung! Schließlich findet ja auch der Vorgang suk-
zessiver Erweiterung[221] lediglich dann eine Erklärung, wenn
wiederholter Gebrauch unterstellt wird. Die Einstufung "Wallfahrtslied" ist nicht einem nur einmal verwendeten und gleich
obsolet gewordenen Psalm widerfahren, sondern einem, der leben-
dig geblieben ist. So erscheint es sicher: Ps 125 war, schon in
seiner primären Gestalt, "Wiedergebrauchsrede", welche als solche bewahrt und gespeichert worden ist.

Durch die Überschrift šîr hammaʿalôt ist bezeugt, daß diese Art
Rede letztlich als Lied zum Vortrag gebracht worden ist, genauer
gesagt, im Sprechgesang. Für die Vergewisserungsrede aus dem
Munde eines Weisen ist diese Vortragsweise wenig gemäß. Sie dürfte wohl eher gesprochenes Wort gewesen sein. Ist dies richtig,
so ist zu folgern, aus der anfänglichen Rede sei ein sprech-
gesungenes Lied geworden. Dies scheint zu erwägen zu geben, es
könnte sich hier eine Wandlung von der einen Gattung in eine
andere vollzogen haben. Indes, dem ist schwerlich so. Die Änderung im Modus des Vortrags wird keine Metamorphose im gattungs-
kritischen Sinne bedeuten. Ob gesprochen oder sprechgesungen,
die Gattung "Vergewisserungsrede" dürfte sich, im wesentlichen
wenigstens, durchgehalten haben. - Zu vermuten ist freilich,
daß der Vortrag des Psalms nicht Sache eines Weisen geblieben
ist. Im Verlaufe des Wiedergebrauchs hat der Vortragende vielfach gewechselt. Die Annahme ist kaum zu umgehen, es werde, als
der Psalm als Wallfahrtslied verwendbar geworden war, nicht immer
bewußt geblieben sein, daß er von Hause aus weisheitlich war. Im
Verwendungskontext der Wallfahrt zum Zion dürfte er auch für
solche, die nicht Weise waren, gebräuchlich geworden sein. Je-

---

221 Ziffer 3 und 7!

doch, auch diese Weiterentwicklung berührt die Gattungsbestimmtheit nicht wesentlich.

8.1
Die Frage nach dem Sitz im Leben

Sie ist nach dem primären und sekundären Gebrauch, nach der ursprünglichen und späteren Version des Psalms gesondert zu verfolgen.

Nach dem, was sich traditions- und gattungskritisch ergab, ist klar, daß der primäre Text vom Traditionskreis und von der Warte der Weisheit aus erschaffen worden ist; offenkundig im Hinblick auf Jerusalem/Zion, v. 1a-2a, nicht aber auf der Grundlage des Zionsfestkults und seines Überlieferungsbestands; vielmehr aus dem Empfinden heraus, dieser halte, gemessen an der Wirklichkeitserfahrung des Alltags, nicht Stich. Dies erlaubt nur den Schluß, der Primärtext sei in einem eigenständigen Außerhalb, im akultischen Milieu eines Weisen entstanden und dort dann auch zum Vortrag gelangt. Wie gesagt, nicht bloß einmal. Vielmehr, der Problemlage entsprechend, wiederholt. Zu einer Zuordnung zum Wallfahrtsfestkult, zu einer Aneignung durch Amtsträger desselben, ist es fraglos nicht gleich gekommen. Mithin kann der Sitz des primären Psalms zunächst nur akultisch gewesen sein: im Leben weisheitlicher Kreise. Da ein waches Interesse an Sonderung und Scheidung von anderen bestand, welche nicht oder nicht mehr "Gerechte" waren, v. 3b.5a-5b, wird hinzubemerkt werden dürfen, Ps 125 könnte in konventikelhaften Versammlungen sapiential Gesonnener rezitiert worden sein. - Die in Betracht zu ziehenden Versammlungen näherbestimmen zu wollen, dürfte chancenlos sein[222]. Was zu erschließen war, verschafft glücklicherweise auch so schon ein brauchbares Bild.

Was den hinzukommenden, sekundären "Sitz" anbelangt, so ist zugleich viel und wenig zu sagen. Viel - insofern jene Überschrift,

---

222 Darum versucht der Vf. auch nicht, die Hypothese ins Spiel zu bringen, die er anderwärts aufgestellt hat - in: Werden und Wesen des 107. Psalms 91ff.

v. 1, nicht den mindesten Zweifel läßt[223], unser Psalm sei in
seiner Letztgestalt als Lied im Kontext der Wallfahrt zum Zion
gebräuchlich gewesen. Wenig - insofern es schwierig bleibt,
präziser zu sagen, wo und wie es beim Wallfahrten üblich war,
im Sprechgesang zu psalmieren. Es ist gewiß so, daß beim Antritt
der Pilgerschaft sich die früheste Gelegenheit bot, beim Einzug
in die heilige Stadt die allerletzte. Auch wird in der Tat[224]
als wahrscheinlich zu gelten haben, daß unterwegs, auf Stationen
der Wallfahrt, Psalmvortrag möglich war. Die Rezitation unseres
Psalms ist am ehesten hier vorstellbar. 125,1b-2a könnte vermuten lassen, das "Lied" sei sinnigerweise dort erklungen, wo
Jerusalem und die Berge ringsum tatsächlich vor Augen waren: bei
einem Halt auf der letzten Strecke des Wegs. - Es spricht nichts
dafür, daß noch außerhalb der heiligen Stadt und des Tempel-
bezirks die Wallfahrtsgemeinde in toto den Rahmen für diesen
Vortrag zu bilden vermochte[225]. Mehr für sich hat, daß 125 inmitten der Pilgergruppen, welche, noch separat, aus den verschiedenen Heimatbereichen zum Zion strebten, kurz vor diesem Ziel
rezitiert wurde. Gottesdienstlich wäre dieser "Sitz" wohl zu
nennen. Kultisch jedoch nur im weitesten Sinn[226]. Mag sein, man
hebt hier am besten[227] auf eine Art gottesdienstlicher Andacht
ab, zu welcher Wallfahrergruppen verweilten. Was zunächst in
weisheitlichen Konventikeln zu bedenken gegeben worden ist, das
wäre, von Amts wegen anempfohlen, in diesem weiteren Sitz im
Leben, weniger exklusiv, zur Vorbereitung auf die Teilnahme am
Festkult, zur besseren Rezeption desselben, bedacht worden.

---

223 Anm. 68 und ergänzend des Vfs. Ausführungen in: Wider die
     Hybris des Geistes 93ff!

224 Mit GUNKEL / BEGRICH, Einleitung in die Psalmen 310.

225 Dazu die Bemerkungen des Vfs. in: Wider die Hybris 94ff.

226 Zum besseren Verständnis dieser Feststellung STOLZ, Psalmen
     im nachkultischen Raum 7-21.

227 In punktueller Berührung mit SEIDEL, Wallfahrtslieder 8ff.

9
Zusammenschau

So ergibt sich ein einigermaßen plausibles Bild: In der Spätzeit
des Alten Testaments, in der fortgeschrittenen Epoche der Perser
oder der des Hellenismus[228], als "frevlerische" Fremdherrschaft
anhielt und sogar "Gerechte" zu korrumpieren drohte, war der
Glaube an den Festkult auf Zion, an sein Durchsetzungsvermögen
in der Wirklichkeit des Alltags erschüttert. Da verfaßte ein im
Weichbild Jerusalems lebender Weiser eine "Vergewisserungsrede"[229]. Er tat dies in gehobener Sprache und fortentwickelter
Form, konzis und pädagogisch geschickt auf Anschaulichkeit bedacht[230]. Er zog dabei alle Register, um - soweit überhaupt
einem Menschen möglich - die innere und äußere Lage zu wenden.
Er führte in der Art und anstatt eines Propheten eine Verheißung
ins Feld[231], aktivierte vergewissernde Momente aus weisheitlicher Überlieferung und Überzeugung[232] und versuchte zum Ge-
betsruf mitzureißen, auf daß Gott, was bei ihm beschlossen[233]
und was der Entsprechung zwischen Tun und Ergehen gemäß, endlich
auch vollends vollführe. Er berührt dabei eine Reihe von Traditionen[234], bleibt aber im wesentlichen weisheitsbestimmt und
vergewissert so, Jahwe sei noch immer heilsmächtig und gerecht;
wer ihm vertraue, sei bereits, antizipando, im Heil.

In diesem Sinne wirbt und wirkt unser Psalm über den Tag hinaus.
Als Wiedergebrauchsrede. Zunächst, wie es scheint, exklusiv in
weisen Zirkeln. Hernach - möglicherweise zusätzlich - in ent-
schränkterer Weise, per Sprechgesang, bei den zur gottesdienst-

---

228   Ziffer 6.1.6!

229   Ziffer 7 und 8!

230   Ziffer 4.1!

231   Ziffer 6.1.2!

232   Ziffer 6.1.1!

233   Halbvers 3a!

234   Ziffer 6.1-5!

lichen Andacht gruppenweise versammelten Pilgern[235]. Im Zuge
dieses sekundären Gebrauchs sind textliche Erweiterungen er-
folgt; Hervorbringungen der Zionstradition; was den Zusatz am
Schluß anlangt, zum Behufe des Brückenschlags hinüber zum Zionskult und seiner Segnung[236]. Diese spätere Verwendung der erweiterten Einheit ist nicht unautorisiert geblieben, nicht ohne
ausdrückliche Billigung der zuständigen Jerusalemer Amtsträger.
Auch bei ihnen hat sich die Einsicht Bahn gebrochen, der das
alltägliche Leben so wenig bestimmende Festkult sei subsidiärer
Unterstützung bedürftig; und diese zu erbringen sei der vergewissernde Psalm geeignet. Die Institution des Zionstempels zeigt in
der Spätzeit des Alten Testaments keine Hemmung, sich vonseiten
der Weisheit Hilfe angedeihen zu lassen. Sie bedient sich ihrer
im vorliegenden Falle nicht so, daß sie das weisheitliche Gut
integriert[237]; vielmehr so, daß sie es assoziiert und zur Vor-
bereitungshilfe umfunktioniert, zur Hilfe bei der Disponierung
auf den Festkult.

---

235 Ziffer 8.1!

236 Ziffer 3.1-5; 6.2 und 7!

237 Zu dieser Art Einverleibung die Studien des Vfs. zu Ps 15;
     52 und 131!

Abkürzungsverzeichnis

Vorbemerkung: Kommentare werden regelmäßig ohne Titel angeführt

AASF	Annales academiae scientiarum Fennicae
AncB	Anchor Bible
ANVAO.HF	Avhandlinger i norske videnskaps-akademi i Oslo. Historisk-filosofisk klasse
AOAT	Alter Orient und Altes Testament
ATD	Das Alte Testament Deutsch
BA	Biblical archaelogist
BC	Biblischer Commentar über das Alte Testament
BFChTh.M	Beiträge zur Förderung christlicher Theologie - 2. Reihe: Sammlung wissenschaftlicher Monographien
BHS	Biblia Hebraica Stuttgartensia
BiBe	Biblische Beiträge
BThSt	Biblisch-Theologische Studien
BWANT	Beiträge zur Wissenschaft vom Alten und Neuen Testament
BZAW	Beihefte zur Zeitschrift für die alttestamentliche Wissenschaft
CBQ	Catholic biblical quarterly
DJD	Discoveries in the Judaean desert of Jordan
EB	Die Heilige Schrift in deutscher Übersetzung. "Echter Bibel"
HAT	Handbuch zum Alten Testament
HBK	Herders Bibelkommentar
HK	Handkommentar zum Alten Testament
HSAT	Die Heilige Schrift des Alten Testaments
HSAT(K)	Die Heilige Schrift des Alten Testaments. Übersetzt von Emil Kautzsch
ICC	International critical commentary on the Holy Scriptures
IntB	Interpreter's bible
JAOS	Journal of the American oriental society
JBL	Journal of biblical literature
KAT	Kommentar zum Alten Testament

KHC	Kurzer Hand-Commentar zum Alten Testament
NCeB	New century bible
NMES	Near and Middle East series
NTG	Neue theologische Grundrisse
OTS	Oudtestamentische studiën
SAT	Schriften des Alten Testaments in Auswahl
SBS	Stuttgarter Bibelstudien
SDPI	Schriften des deutschen Palästina-Instituts
SG	Sammlung Göschen
SNVAO.HF	Skrifter utgitt av det norske videnskaps-akademi i Oslo. Historisk-filosofisk klasse
TB	Theologische Bücherei
TGUOS	Transactions of the Glasgow university oriental society
THAT	Theologisches Handwörterbuch zum Alten Testament
ThDiss	Theologische Dissertationen. Basel
ThSt(B)	Theologische Studien. Hg. v. Karl Barth
ThZ	Theologische Zeitschrift. Basel
UB	Urban-Bücher
UF	Ugarit-Forschungen
VT	Vetus Testamentum
WdF	Wege der Forschung
WMANT	Wissenschaftliche Monographien zum Alten und Neuen Testament
ZAW	Zeitschrift für die alttestamentliche Wissenschaft

Literaturverzeichnis

ALLEGRO, J.M., Qumrân Cave 4 I (4Q158-4Q186), DJD V, Oxford 1968.

ALONSO-SCHÖKEL, L., Das Alte Testament als literarisches Kunstwerk, Köln 1971.

ANDERSON, A.A., The Book of Psalms, II, NCeB, London 1972.

BAETHGEN, F., Die Psalmen, HK II 2, Göttingen [3]1904.

BARTH, H. / STECK, O.H., Exegese des Alten Testaments. Leitfaden
der Methodik, Neukirchen-Vluyn [9]1980.

BAUMGARTNER, W. / STAMM, J.J., Hebräisches und aramäisches
Lexikon zum Alten Testament, Leiden, II, [3]1974; III, [3]1983.

BEGRICH, J., Der Satzstil im Fünfer, in: ZIMMERLI, W. (Hrsg.), Gesam-
melte Studien zum Alten Testament, TB 21, München 1964, 132-167.

BERTHOLET, A., Das Buch der Psalmen, HSAT(K) II, Tübingen [4]1923.

BEYERLIN, W., Herkunft und Geschichte der ältesten Sinaitraditionen, Tübingen 1961.

-, Werden und Wesen des 107. Psalms, BZAW 153, Berlin.New York
1979.

-, Der 52. Psalm. Studien zu seiner Einordnung, BWANT 111,
Stuttgart 1980.

-, Wider die Hybris des Geistes. Studien zum 131. Psalm, SBS
108, Stuttgart 1982.

-, Weisheitlich-kultische Heilsordnung. Studien zum 15. Psalm,
BThSt 9, Neukirchen-Vluyn 1985.

BONKAMP, B., Die Psalmen nach dem hebräischen Grundtext über-
setzt, Freiburg i.Br. 1949.

BÜHLMANN, W. / SCHERER, K., Stilfiguren der Bibel, BiBe 10,
Fribourg 1973.

BRIGGS, C.A. / BRIGGS, E.G., A Critical and Exegetical Commentary
on the Book of Psalms, II, ICC, Edinburgh 1907.1969.

CLEMENTS, R.E., Temple and Land: A Significant Aspect of Israel's
Worship, in: TGUOS 19, Glasgow 1962, 16-28.

-, God and Temple. The Idea of the Divine Presence in Ancient
Israel, Oxford 1965.

CULLEY, R.C., Oral Formulaic Language in the Biblical Psalms,
NMES 4, Toronto 1967.

DAHOOD, M., Psalms, III, AncB 17 A, Garden City.New York 1970.

DALMAN, G.H., Arbeit und Sitte. II. Der Ackerbau, SDPI 5, BFChTh.M 27/2, Gütersloh 1932.

-, Aramäisch-neuhebräisches Handwörterbuch zu Targum, Talmud und Midrasch, Göttingen 1938.1967.

DEISSLER, A., Die Psalmen, Düsseldorf 1964.

DELITZSCH, Franz, Biblischer Commentar über die poetischen Bücher ... Das salomonische Spruchbuch, BC IV 3, Leipzig 1873.

-, hrsg. v. DELITZSCH, Friedrich, Biblischer Kommentar über die Psalmen, BC IV 1, Leipzig ^{5}1894.

DUHM, B., Die Psalmen, KHC XIV, Tübingen ^{2}1922.

DURHAM, J.I., šalôm and the Presence of God, in: DERS. / PORTER, J.R. (Hrsg.), Proclamation and Presence, FS G.H. DAVIES, London 1970, 272-293.

EERDMANS, B.D., The Hebrew Book of Psalms, OTS IV, Leiden 1947.

ELLIGER, K. / RUDOLPH, W. (Hrsg.), Biblia Hebraica Stuttgartensia, Stuttgart 1967/77.

FIELD, F. (Hrsg.), Origenis Hexaplorum quae supersunt sive veterum interpretum graecorum in totum Vetus Testamentum fragmenta, II, Oxford 1875.

FOHRER, G., Über den Kurzvers, in: ZAW 66, 1954, 199-236.

-, Das Buch Hiob, KAT XVI, Gütersloh 1963.

GEMSER, B., Sprüche Salomos, HAT I 16, Tübingen ^{2}1963.

GESE, H., Lehre und Wirklichkeit in der alten Weisheit. Studien zu den Sprüchen Salomos und zu dem Buche Hiob, Tübingen 1958.

GESENIUS, W. / KAUTZSCH, E., Hebräische Grammatik, Leipzig ^{26}1896.

GOLKA, F.W., Die israelitische Weisheitsschule oder "des Kaisers neue Kleider", in: VT 33, 1983, 257-270.

GOTTWALD, N.K., A Light to the Nations. An Introduction to the Old Testament, New York 1959.

GRAETZ, H., Kritischer Commentar zu den Psalmen nebst Text und Übersetzung, II, Breslau 1883.

GUNKEL, H., Einleitungen, 3. Kap., Die Propheten als Schriftsteller und Dichter, in: SCHMIDT, H., Die großen Propheten, SAT II 2, Göttingen 1915, XXXVI-LXXII.

-, Die Psalmen, HK II 2, Göttingen ^{4}1926.

GUNKEL, H. / BEGRICH, J., Einleitung in die Psalmen, Göttingen
    1933.²1966.

HARAN, M., Priestertum, Tempeldienst und Gebet, in: STRECKER, G.
    (Hrsg.), Das Land Israel in biblischer Zeit, Göttingen 1983,
    141-153.

HAYES, J.H., The Tradition of Zion's Inviolability, in: JBL 82,
    1963, 419-426.

HERKENNE, H., Das Buch der Psalmen, HSAT V 2, Bonn 1936.

HERMISSON, H.-J., Studien zur israelitischen Spruchweisheit,
    WMANT 28, Neukirchen-Vluyn 1968.

HORST, F., Segen und Segenshandlungen in der Bibel, in: DERS.,
    Gottes Recht. Gesammelte Studien zum Recht im Alten Testament,
    TB 12, München 1961.

JACOB, B., Beiträge zu einer Einleitung in die Psalmen, I, in:
    ZAW 16, 1896, 129-181.

JANSEN, H.L., Die spätjüdische Psalmendichtung. Ihr Entstehungs-
    kreis und ihr "Sitz im Leben", SNVAO.HF 3, Oslo 1937.

JASPER, F.N., Early Israelite Traditions and the Psalter, in:
    VT 17, 1967, 50-59.

JENNI, E., Das Wort ᶜōlām im Alten Testament, in: ZAW 64, 1952,
    197-248; 65, 1953, 1-35.

JOHNSON, A.R., Sacral Kingship in Ancient Israel, Cardiff ²1967.

KALT, E., Die Psalmen, HBK VI, Freiburg i.Br. 1935.

KAYSER, W., Das sprachliche Kunstwerk. Eine Einführung in die
    Literaturwissenschaft, Bern.München ¹⁷1976.

KEET, C.C., A Study of the Psalms of Ascents. A Critical and
    Exegetical Commentary upon Ps CXX to CXXXIV, London 1969.

KOCH, K., Gibt es ein Vergeltungsdogma im Alten Testament?, in:
    DERS. (Hrsg.), Um das Prinzip der Vergeltung in Religion und
    Recht des Alten Testaments, WdF 125, Darmstadt 1972, 130-180.

-, Die Profeten. II. Babylonisch-persische Zeit, UB 280, Stutt-
    gart 1980.

KÖNIG, E., Stilistik, Rhetorik, Poetik in Bezug auf die bibli-
    sche Litteratur komparativisch dargestellt, Leipzig 1900.

KRAUS, H.-J., Psalmen, I.II, BK XV 1.2, Neukirchen-Vluyn ⁵1978.

KUGEL, J.L., The Idea of Biblical Poetry. Parallelism and its
    History, New Haven.London 1981.

KUNTZ, J.K., The Canonical Wisdom Psalms of Ancient Israel: Their Rhetorical, Thematic, and Formal Dimensions, in: Rhetorical Criticism. FS J. MUILENBURG, Pittsburgh Theological Monograph Series I, Pittsburgh 1974, 186-222.

LAUHA, A., Die Geschichtsmotive in den alttestamentlichen Psalmen, AASF LVI 1, Helsinki 1945.

LAUSBERG, H., Elemente der literarischen Rhetorik, München [8]1984.

LEEUW, G. van der, Phänomenologie der Religion, NTG, Tübingen [2]1956.

LEEUWEN, C. van, Art. $r\check{s}^c$, in: JENNI, E. / WESTERMANN, C. (Hrsg.), THAT II, München 1976.

LEMAIRE, A., Sagesse et écoles, in: VT 34, 1984, 270-281.

LESLIE, E.A., The Psalms. Translated and Interpreted in the Light of Hebrew Life and Worship, Nashville.New York 1949.

LOEWENSTAMM, S.E., The Formula me^{c}attā w^{ec}ad ^{c}olām, in: DERS., Comparative Studies in Biblical and Ancient Oriental Literatures, AOAT 204, Neukirchen-Vluyn 1980, 166-170.

LORETZ, O., Die Psalmen, II, Beitrag der Ugarit-Texte zum Verständnis von Kolometrie und Textologie der Psalmen. Ps 90-150, AOAT 207/2, Neukirchen-Vluyn 1979.

MANDELKERN, S., Veteris Testamenti Concordantiae Hebraicae atque Chaldaicae, I, Neudruck Graz [2]1955.

MANNATI, M. / SOLMS, E. de, Les Psaumes, IV, Paris 1968.

METZGER, M., Himmlische und irdische Wohnstatt Jahwes, in: UF 2, Neukirchen-Vluyn 1970, 139-158.

MEYER, R., Hebräische Grammatik, SG, Berlin, I [3]1966; II [3]1969; III [3]1972.

MOWINCKEL, S., Religion und Kultus, Göttingen 1953.

-, Real and Apparent Tricola in Hebrew Psalm Poetry, ANVAO.HF II, Oslo 1957, Nr. 2.

MURPHY, R.E., Assumptions and Problems in Old Testament Wisdom Research, in: CBQ 24, 1967, 407-418.

NÖTSCHER, F., Die Psalmen, EB, Würzburg [5]1959.

OESTERLEY, W.O.E., The Psalms. Translated with Text-critical and Exegetical Notes, London 1939.1959.

PETERSEN, D.L., Late Israelite Prophecy. Studies in Deutero-
    Prophetic Literature and in Chronicles, Society of Biblical
    Literature: Monograph Series XXIII, Missoula.Montana 1977.

PLOEG, J.P.M. van der, Psalmen, II, De Boeken van het Oude
    Testament VII B, Roermond 1974.

PLÖGER, O., Sprüche Salomos. Proverbia, BK XVII, Neukirchen-
    Vluyn 1984.

PORTEOUS, N.W., Jerusalem-Zion: the Growth of a Symbol, in:
    Verbannung und Heimkehr, FS W. RUDOLPH, Tübingen 1961, neu-
    abgedruckt in: Living the Mystery, Oxford 1967, 93-111.

PRESS, R., Der zeitgeschichtliche Hintergrund der Wallfahrts-
    psalmen, ThZ 14, 1958, 401-415.

RAD, G. von, Weisheit in Israel, Neukirchen-Vluyn 1970.

RAHLFS, A. (Hrsg.), Septuaginta, II, Stuttgart 1949.

REVENTLOW, H. Graf, Friedensverheißungen im Alten und Neuen
    Testament, in: Friede über Israel. Zeitschrift für Kirche
    und Judentum, Hannover (3) 1979, 99-109.147-153.

RIDDERBOS, N.H., Die Psalmen. Stilistische Verfahren und
    Aufbau ..., BZAW 117, Berlin.New York 1972.

ROHLAND, E., Die Bedeutung der Erwählungstraditionen Israels
    für die Eschatologie der alttestamentlichen Propheten, Diss.
    Heidelberg 1956.

SANDERS, J.A., The Psalms Scroll of Qumrân Cave 11, DJD IV,
    Oxford 1965.

SCHMIDT, H., Die Psalmen, HAT I 15, Tübingen 1934.

SCOTT, R.B.Y., The Way of Wisdom in the Old Testament, New York
    1971.

SEGERT, S., Parallelism in Ugaritic Poetry, in: JAOS 103, 1983,
    295-306.

SEIDEL, H., Wallfahrtslieder, in: DERS. / BIERITZ, K.H. (Hrsg.),
    Das lebendige Wort. Beiträge zur kirchlichen Verkündigung.
    Festgabe für G. VOIGT zum 65. Geburtstag, Berlin 1982, 26-40.

SEYBOLD, K., Der aaronitische Segen. Studien zu Numeri 6,22-27,
    Neukirchen-Vluyn 1977.

-, Die Wallfahrtspsalmen, BThSt 3, Neukirchen-Vluyn 1978.

-, Die Redaktion der Wallfahrtspsalmen, in: ZAW 91, 1979, 247-
    268.

STAERK, W., Lyrik, SAT III 1, Göttingen [2]1920.

STECK, O.H., Friedensvorstellungen im alten Jerusalem. Psalmen,
    Jesaja, Deuterojesaja, ThSt(B) 111, Zürich 1972.

-, Strömungen theologischer Tradition im Alten Israel, in: DERS.,
    Wahrnehmungen Gottes im Alten Testament, TB 70, München 1982,
    291-317.

STOLZ, F., Strukturen und Figuren im Kult von Jerusalem. Studien
    zur altorientalischen, vor- und frühisraelitischen Religion,
    BZAW 118, Berlin 1970.

-, Psalmen im nachkultischen Raum, ThSt(B) 129, Zürich 1983.

SWETE, H.B. (Hrsg.), The Old Testament in Greek. According to
    the Septuagint, II, Cambridge ^{3}1907.

TAYLOR, W.R., Psalms, IntB 4, New York.Nashville 1955.

VAUX, R. de, Das Alte Testament und seine Lebensordnungen, I,
    Freiburg.Basel.Wien 1960.1962.

VONCK, P., L'expression de confiance dans le Psautier, in:
    Message et Mission, Publications de l'Université Lovanium
    de Kinshasa 1968, 1-51.

WALTER, D.M. (Bearb.), Liber Psalmorum, in: The Peshitta In-
    stitute Leiden (Hrsg.), Vetus Testamentum Syriace II 3,
    Leiden 1980.

WALTON, B. (Hrsg.), Biblia Sacra Polyglotta, III, Nachdruck
    Graz 1964.

WEBER, R. (Hrsg.), Biblia sacra iuxta vulgatam versionem, I,
    Stuttgart 1969.

WEHMEIER, G., Der Segen im Alten Testament. Eine semasiologische
    Untersuchung der Wurzel brk, ThDiss VI, Basel 1970.

WEISER, A., Die Psalmen, ATD 14/15, Göttingen ^{8}1973.

WESTERMANN, C., Der Segen in der Bibel und im Handeln der
    Kirche, München 1968.

WHYBRAY, R.N., The Intellectual Tradition in the Old Testament,
    BZAW 135, Berlin.New York 1974.

WILDBERGER, H., Jesaja, III, BK X 3, Neukirchen-Vluyn 1982.

WOLFF, H.W., Dodekapropheton. IV. Micha, BK XIV 4, Neukirchen-
    Vluyn 1982.

WRIGHT, G.E., The Significance of the Temple in the Ancient Near
    East. III. The Temple in Palestine-Syria, in: BA 7, 1944, 66-77.

WÜRTHWEIN, E., Der Text des Alten Testaments, Stuttgart ^{4}1973.

WUTZ, F., Die Psalmen. Textkritisch untersucht, München 1925.

Bibelstellenregister

92

121,7.8	69
121,8	29.66
122,6-8	68
127,4	53
128,5.6	67
128,6b	43
131,2	53
131,3	29.64
134,3	67

Spr

1,10-19	55
2,13ff	15
4,14-19	55
10,9	53
10,26	53
10,30	22
10,30a	52
11,22	53
11,28	50.51
12,4.18	53
13,20	55
15,19	53
16,12ff	60
16,20	50.51
24,1	55
25,11-14.18-20.23-26.28	53
26	53
27	53
28,18	53
28,25	50.51
28,26	50.51
29,25	50.51

Ijob

31,2	59

1 Chr

17,27	69

Sir

32,23	15

ORBIS BIBLICUS ET ORIENTALIS

Bd. 19   MASSÉO CALOZ: *Etude sur la LXX origénienne du Psautier.* Les relations entre les leçons des Psaumes du Manuscrit Coislin 44, les Fragments des Hexaples et le texte du Psautier Gallican. 480 pages. 1978.

Bd. 20   RAPHAEL GIVEON: *The Impact of Egypt on Canaan.* Iconographical and Related Studies. 156 Seiten, 73 Abbildungen. 1978.

Bd. 21   DOMINIQUE BARTHÉLEMY: *Etudes d'histoire du texte de l'Ancien Testament.* XXV – 419 pages. 1978.

Bd. 22/1 CESLAS SPICQ: *Notes de Lexicographie néo-testamentaire.* Tome I: p. 1–524. 1978. Epuisé.

Bd. 22/2 CESLAS SPICQ: *Notes de Lexicographie néo-testamentaire.* Tome II: p. 525–980. 1978. Epuisé.

Bd. 22/3 CESLAS SPICQ: *Notes de Lexicographie néo-testamentaire.* Supplément. 698 pages. 1982.

Bd. 23   BRIAN M. NOLAN: *The royal Son of God.* The Christology of Matthew 1–2 in the Setting of the Gospel. 282 Seiten. 1979.

Bd. 24   KLAUS KIESOV: *Exodustexte im Jesajabuch.* Literarkritische und motivgeschichtliche Analysen. 221 Seiten. 1979.

Bd. 25/1 MICHAEL LATTKE: *Die Oden Salomos in ihrer Bedeutung für Neues Testament und Gnosis.* Band I. Ausführliche Handschriftenbeschreibung. Edition mit deutscher Parallel-Übersetzung. Hermeneutischer Anhang zur gnostischen Interpretation der Oden Salomos in der Pistis Sophia. XI – 237 Seiten. 1979.

Bd. 25/1a MICHAEL LATTKE: *Die Oden Salomos in ihrer Bedeutung für Neues Testament und Gnosis.* Band Ia. Der syrische Text der Edition in Estrangela Faksimile des griechischen Papyrus Bodmer XI. 68 Seiten. 1980.

Bd. 25/2 MICHAEL LATTKE: *Die Oden Salomos in ihrer Bedeutung für Neues Testament und Gnosis.* Band II. Vollständige Wortkonkordanz zur handschriftlichen, griechischen, koptischen, lateinischen und syrischen Überlieferung der Oden Salomos. Mit einem Faksimile des Kodex N. XVI – 201 Seiten. 1979.

Bd. 26   MAX KÜCHLER: *Frühjüdische Weisheitstraditionen.* Zum Fortgang weisheitlichen Denkens im Bereich des frühjüdischen Jahweglaubens. 703 Seiten. 1979.

Bd. 27   JOSEF M. OESCH: *Petucha und Setuma.* Untersuchungen zu einer überlieferten Gliederung im hebräischen Text des Alten Testaments. XX – 392–37* Seiten. 1979.

Bd. 28   ERIK HORNUNG / OTHMAR KEEL (Herausgeber): *Studien zu altägyptischen Lebenslehren.* 394 Seiten. 1979.

Bd. 29   HERMANN ALEXANDER SCHLÖGL: *Der Gott Tatenen.* Nach Texten und Bildern des Neuen Reiches. 216 Seiten, 14 Abbildungen. 1980.

Bd. 30   JOHANN JAKOB STAMM: *Beiträge zur Hebräischen und Altorientalischen Namenkunde.* XVI – 264 Seiten. 1980.

Bd. 31   HELMUT UTZSCHNEIDER: *Hosea – Prophet vor dem Ende.* Zum Verhältnis von Geschichte und Institution in der alttestamentlichen Prophetie. 260 Seiten. 1980.

Bd. 32   PETER WEIMAR: *Die Berufung des Mose.* Literaturwissenschaftliche Analyse von Exodus 2,23–5,5. 402 Seiten. 1980.

Bd. 33   OTHMAR KEEL: *Das Böcklein in der Milch seiner Mutter und Verwandtes.* Im Lichte eines altorientalischen Bildmotivs. 163 Seiten, 141 Abbildungen. 1980.

Bd. 34   PIERRE AUFFRET: *Hymnes d'Egypte et d'Israël*. Etudes de structures littéraires. 316 pages, 1 illustration. 1981.

Bd. 35   ARIE VAN DER KOOIJ: *Die alten Textzeugen des Jesajabuches*. Ein Beitrag zur Textgeschichte des Alten Testaments. 388 Seiten. 1981.

Bd. 36   CARMEL McCARTHY: *The Tiqqune Sopherim and Other Theological Corrections in the Masoretic Text of the Old Testament*. 280 Seiten. 1981.

Bd. 37   BARBARA L. BEGELSBACHER-FISCHER: *Untersuchungen zur Götterwelt des Alten Reiches im Spiegel der Privatgräber der IV. und V. Dynastie*. 336 Seiten. 1981.

Bd. 38   MÉLANGES DOMINIQUE BARTHÉLEMY. Etudes bibliques offertes à l'occasion de son 60ᵉ anniversaire. Edités par Pierre Casetti, Othmar Keel et Adrian Schenker. 724 pages. 31 illustrations. 1981.

Bd. 39   ANDRÉ LEMAIRE: *Les écoles et la formation de la Bible dans l'ancien Israël*. 142 pages. 14 illustrations. 1981.

Bd. 40   JOSEPH HENNINGER: *Arabica Sacra*. Aufsätze zur Religionsgeschichte Arabiens und seiner Randgebiete. Contributions à l'histoire religieuse de l'Arabie et de ses régions limitrophes. 347 Seiten. 1981.

Bd. 41   DANIEL VON ALLMEN: *La famille de Dieu*. La symbolique familiale dans le paulinisme. LXVII–330 pages, 27 planches. 1981.

Bd. 42   ADRIAN SCHENKER: *Der Mächtige im Schmelzofen des Mitleids*. Eine Interpretation von 2 Sam 24. 92 Seiten. 1982.

Bd. 43   PAUL DESELAERS: *Das Buch Tobit*. Studien zu seiner Entstehung, Komposition und Theologie. 532 Seiten + Übersetzung 16 Seiten. 1982.

Bd. 44   PIERRE CASETTI: *Gibt es ein Leben vor dem Tod?* Eine Auslegung von Psalm 49. 315 Seiten. 1982.

Bd. 45   FRANK-LOTHAR HOSSFELD: *Der Dekalog*. Seine späten Fassungen, die originale Komposition und seine Vorstufen. 308 Seiten. 1982.

Bd. 46   ERIK HORNUNG: *Der ägyptische Mythos von der Himmelskuh*. Eine Ätiologie des Unvollkommenen. Unter Mitarbeit von Andreas Brodbeck, Hermann Schlögl und Elisabeth Staehelin und mit einem Beitrag von Gerhard Fecht. XII–129 Seiten, 10 Abbildungen. 1982.

Bd. 47   PIERRE CHERIX: *Le Concept de Notre Grande Puissance (CG VI, 4)*. Texte, remarques philologiques, traduction et notes. XIV–95 pages. 1982.

Bd. 48   JAN ASSMANN / WALTER BURKERT / FRITZ STOLZ: *Funktionen und Leistungen des Mythos*. Drei altorientalische Beispiele. 118 Seiten. 17 Abbildungen. 1982.

Bd. 49   PIERRE AUFFRET: *La sagesse a bâti sa maison*. Etudes de structures littéraires dans l'Ancien Testament et spécialement dans les psaumes. 580 pages. 1982.

Bd. 50/1   DOMINIQUE BARTHÉLEMY: *Critique textuelle de l'Ancien Testament*. 1. Josué, Juges, Ruth, Samuel, Rois, Chroniques, Esdras, Néhémie, Esther. Rapport final du Comité pour l'analyse textuelle de l'Ancien Testament hébreu institué par l'Alliance Biblique Universelle, établi en coopération avec Alexander R. Hulst †, Norbert Lohfink, William D. McHardy, H. Peter Rüger, coéditeur, James A. Sanders, coéditeur. 812 Seiten. 1982.

Bd. 51   JAN ASSMANN: *Re und Amun*. Die Krise des polytheistischen Weltbilds im Ägypten der 18.–20. Dynastie. XII–309 Seiten. 1983.

Bd. 52   MIRIAM LICHTHEIM: *Late Egyptian Wisdom Literature in the International Context.* A Study of Demotic Instructions. X–240 Seiten. 1983.

Bd. 53   URS WINTER: *Frau und Göttin.* Exegetische und ikonographische Studien zum weiblichen Gottesbild im Alten Israel und in dessen Umwelt. XVIII–928 Seiten, 520 Abbildungen. 1983.

Bd. 54   PAUL MAIBERGER: *Topographische und historische Untersuchungen zum Sinaiproblem.* Worauf beruht die Identifizierung des Ǧabal Mūsā mit dem Sinai? 189 Seiten, 13 Tafeln. 1984.

Bd. 55   PETER FREI/KLAUS KOCH: *Reichsidee und Reichsorganisation im Perserreich.* 119 Seiten, 17 Abbildungen. 1984

Bd. 56   HANS-PETER MÜLLER: *Vergleich und Metapher im Hohenlied.* 59 Seiten. 1984.

Bd. 57   STEPHEN PISANO: *Additions or Omissions in the Books of Samuel.* The Significant Pluses and Minuses in the Massoretic, LXX and Qumran Texts. XIV–295 Seiten. 1984.

Bd. 58   ODO CAMPONOVO: *Königtum, Königsherrschaft und Reich Gottes in den Frühjüdischen Schriften.* XVI–492 Seiten. 1984.

Bd. 59   JAMES KARL HOFFMEIER: *Sacred in the Vocabulary of Ancient Egypt.* The Term $\underline{DSR}$, with Special Reference to Dynasties I–XX. XXIV–281 Seiten, 24 Figures. 1985.

Bd. 60   CHRISTIAN HERRMANN: *Formen für ägyptische Fayencen.* Katalog der Sammlung des Biblischen Instituts der Universität Freiburg Schweiz und einer Privatsammlung. XXVIII-199 Seiten. 1985.

Bd. 61   HELMUT ENGEL: *Die Susanna-Erzählung.* Einleitung, Übersetzung und Kommentar zum Septuaginta-Text und zur Theodition-Bearbeitung. 205 Seiten + Anhang 11 Seiten. 1985.

Bd. 62   ERNST KUTSCH: *Die chronologischen Daten des Ezechielbuches.* 82 Seiten. 1985.

Bd. 63   MANFRED HUTTER: *Altorientalische Vorstellungen von der Unterwelt.* Literar- und religionsgeschichtliche Überlegungen zu «Nergal und Ereškigal». VIII–187 Seiten. 1985.

Bd. 64   HELGA WEIPPERT/KLAUS SEYBOLD/MANFRED WEIPPERT: *Beiträge zur prophetischen Bildsprache in Israel und Assyrien.* IX–93 Seiten. 1985.

Bd. 65   ABDEL-AZIZ FAHMY SADEK: *Contribution à l'étude de l'Amdouat.* Les variantes tardives du Livre de l'Amdouat dans les papyrus du Musée du Caire. XVI–400 Seiten, 175 Abbildungen. 1985.

Bd. 66   HANS-PETER STÄHLI: *Solare Elemente im Jahweglauben des Alten Testamentes.* X–60 Seiten. 1985.

Bd. 67   OTHMAR KEEL/SILVIA SCHROER: *Studien zu den Stempelsiegeln aus Palästina/Israel.* Band I. 115 Seiten. 103 Abbildungen. 1985.

Bd. 68   WALTER BEYERLIN: *Weisheitliche Vergewisserung mit Bezug auf den Zionskult.* Studien zum 125. Psalm. 96 Seiten. 1985.